Die Kartellfrage

in Theorie und Praxis.

Die Kartellfrage

in Theorie und Praxis.

Ein offener Brief an Herrn Kommerzienrat Julius Vorster,
Mitglied des Hauses der Abgeordneten,

von

F. von Rottenburg,
Doktor der Rechte und Ehrendoktor der Universität Yale.

„Il ne faut que peu de mots pour affirmer
beaucoup d'erreurs, et il en faut un grand
nombre pour en réfuter quelques-unes."
Fr. Passy.

Leipzig.
Verlag von Duncker & Humblot.
1903.

Vorwort.

Im November vorigen Jahres veröffentlichte ich in der National-Zeitung den in den Anlagen abgedruckten Artikel, in welchem auf einige Mißbräuche aufmerksam gemacht wird, welche meines Dafürhaltens mit der Bildung von Kartellen und Trusts verbunden sein können. In erster Reihe suchte ich das Beweisthema auf eine Deduktion zu stützen, indem ich, von dem Streben aller Kartelle und Trusts nach einer Monopolstellung ausgehend, die Folgeerscheinungen entwickelte, welche sich möglicherweise an die Ausschaltung oder auch nur die Beschränkung der Konkurrenz anknüpfen, namentlich mit Bezug auf die Arbeitsbedingungen. Zum Zweck der Verifizierung dieser Deduktion berief ich mich auf einige geschichtliche Tatsachen. Ausdrücklich bezeichnete ich es „als eine kurzsichtige Politik, wollte man jede Bildung von Kartellen untersagen".

Mein Artikel fand zunächst nur geringe Beachtung. Einige wenige Kritiken beschränkten sich auf einen Einspruch gegen meinen Vorschlag, durch Gewährung voller Koalitionsfreiheit an die Arbeitnehmer ein Gegengewicht gegen die Kartelle der Arbeitgeber zu schaffen. „Ich lebte still und harmlos." Da plötzlich veränderte sich die Szene. Herr Dr. Alexander Tille, ein Beamter des Zentralverbandes deutscher Industrieller, erschien auf dem Kampfplatze, sehr zu meinem Erstaunen; denn der Genannte ist oder war wenigstens ein Bewunderer der englischen Trade-Unions, und in meinem Artikel habe ich nichts weiteres befürwortet als das Recht freier Koalition für die Arbeiter. Gleichviel, Herr Dr. A. Tille machte einen wütenden Ausfall gegen „den bekannten Sozialmoralisten", dem er „Unwissenheit", „Fahrlässigkeit", „Außerachtlassen der im Verkehr erforderlichen Sorgfalt gegenüber den angesehensten Vertretern des deutschen Großgewerbes", „unbekümmertes Flunkern ins Blaue hinein" u. s. w. vorwarf. Unter Entstellung meines Beweisthemas beschuldigte er mich, ich hätte den Kartellen „eine allgemeine Tendenz den Lohn zu drücken" imputiert, und führte dem gegenüber aus, Kartellierungen in der Industrie beeinflußten die Lohnbildung in einer für den Arbeiter günstigen Weise, wie sich das aus dem Steigen der Löhne in einigen zwanzig kartellierten Industrien während der Jahre 1887—1900 ergebe. Wer nach diesem Beweise ohne unwiderlegliches zahlenmäßiges Material beizubringen noch zu behaupten wage, die Löhne würden durch die Kartelle gedrückt, den verwies Herr Dr. A. Tille in die Gattung „der Verleumder und der Ehrabschneider". Dem ersten folgten drei weitere, in Form und Inhalt denselben Geist atmende Ergüsse.

Es liegt klar zu Tage, daß die Tillesche Berufung auf jene Lohnsteigerungen völlig wertlos ist. Sie hat nicht einmal den Schein des bekannten Trugschlusses: Post hoc ergo propter hoc für sich. Denn bei Herrn Tille fehlt sogar der Nachweis, daß die Lohnsteigerungen sich zeitlich an die Syndikatsbildungen anschließen. In einer Zuschrift an die National-Zeitung vom 25. v. Mts. habe ich dies nachgewiesen und zugleich die völlig unzulässige Art und Weise gekennzeichnet, in der Herr Tille mein Beweisthema und meine Beweismittel behandelt hat. Nichtsdestoweniger hat Herr Dr. A. Tille eine stattliche Zahl von Gläubigen gefunden. Die „Post", die Kölnische Zeitung, die Rheinisch-Westfälische Zeitung, die Berliner Neuesten Nachrichten, das Leipziger Tageblatt, die Volkswirtschaftliche Korrespondenz u. a. m. haben seinen Ausführungen zugestimmt, die meisten unter dem Ausdruck ihrer Geringschätzung für die von mir vorgebrachten Argumente. Beispielsweise spricht die Rheinisch-Westfälische Zeitung von „den bandwurmartigen Ergüssen, mit denen ich in leichtgläubigen Zeitungen als Ankläger auftrete". In einem „Sunt denique fines oder die Grenze des krummen

Hundes" überschriebenen Aufsatze „beeilt" sich die deutsche Volkswirtschaftliche Korrespondenz mir eine Interimsquittung auszustellen, weil sie befürchtet, „daß dem Herrn Kurator, der eine mit dem ganzen Streit in absolut keinem Verhältnis stehende nervöse Aufregung über sich hat Herr werden lassen, durch irgend eine Autorität, sei sie medizinischer oder anderer Art, für einige Zeit die Tinte entzogen werden könnte". Das „Zentralblatt der Walzwerke" bezieht sich in seiner Polemik auf den Ausspruch: „Getretener Quark wird breit, nicht stark" u. s. w. Wie zu erwarten, hat auch Herr Dr. Beumer das Wort ergriffen. Bei Beratung des Gesetzentwurfes über die Befähigung für den höheren Verwaltungsdienst hat er mich dem preußischen Abgeordnetenhause als ein Beispiel dafür vorgeführt, wie mangelhaft ein preußischer Beamter staatswissenschaftlich ausgebildet sein könne. Es nimmt mich wunder, daß Herr Dr. Beumer es unterlassen hat, dem Hause zu schildern, wie schwer Fürst Bismarck, unter dem ich fast ein Dezennium lang Chef der Reichskanzlei gewesen bin, unter meiner Unwissenheit zu leiden gehabt habe.

Als charakteristisch darf ich hervorheben, daß die Tilleschen Artikel vielen Dozenten der hiesigen Universität zugesandt worden sind, sowie daß man sie in hiesigen Seminaren eingeschmuggelt und einem Buchhändler das Angebot gemacht hat, man würde ihm jede Anzahl von Exemplaren kostenlos zur Verfügung stellen, wenn er dieselben nur in seinem Schaufenster auslegte und zu jedem Preise an den Mann zu bringen suchte. Hic per ensem, ille per pecuniam! Die Redaktion der Deutschen Industrie-Zeitung wird inzwischen aus den an sie gelangten Rücksendungen entnommen haben, daß geistesaristokratische Kreise, wie es die Bonner Professoren-Kreise sind, sich für ein Hausieren mit Tilleschen Elaboraten nicht eignen.

Nur eine nervöse Aufregung, wie die Volkswirtschaftliche Korrespondenz sie mir unterstellt, könnte es entschuldigen, wenn ich in die Arena hinabsteigen wollte, welche meine oben genannten

Gegner für ihre Angriffe gewählt haben. Cum semper natura, tum etiam aetate jam quietus lehne ich das ab. Zudem muß ich anerkennen, ich habe Anlaß, zufrieden zu sein, daß ich nicht eine noch schlechtere Behandlung erfahren habe. Bei seiner Charakteristik der Industriellen, welche „sich gegen jedes Gesetz auflehnen, das geeignet ist, die Zahl ihrer Rivalen im heimischen Markte zu vermehren", bemerkt Adam Smith, wenn ein Parlamentarier die Monopolbestrebungen dieses einflußreichen Standes bekämpfe oder gar vielleicht Ansehen genug besitze, um dieselben zu durchkreuzen, „so könne ihn weder die anerkannteste Rechtschaffenheit noch der höchste Rang noch die größten der Öffentlichkeit geleisteten Dienste schützen from the most infamous abuse and detraction, from personal insults, nor sometimes from real danger". Herr Dr. Alexander Tille droht mir nun zwar in einem seiner Artikel, er werde mir „auf die Finger klopfen"; aber nur mit Tatsachen, so daß ich also wenigstens bislang vor „real danger" bewahrt geblieben bin.

Wenn ich mich auch nicht mit Herrn Tille und Genossen auf eine Diskussion einlassen kann, so hielt ich es doch, wie erwähnt, für angezeigt, ersteren als Nationalökonomen zu charakterisieren, und das ist in der Zuschrift an die National-Zeitung geschehen. Zur Vervollständigung des dort entworfenen Bildes mögen die in den Anlagen wiedergegebenen Abschnitte des Artikels dienen, in welchem der Genannte sich zu exkulpieren sucht. Herr Dr. Alexander Tille beschwert sich in einem neuesten Artikel auch über „öde Schimpferei" des Literarischen Centralblattes. Das klingt recht sonderbar in dem Munde eines Mannes, der, wie erwähnt, mit Worten wie Flunkern, Ehrabschneidern, Verleumdern u. s. w. operiert. In diesem Artikel fügt er noch hinzu „Rottenburgsches Geschwätz", „unglaubliche Torheit", „feuilletonistisches Irrlichtelieren" u. s. w. Mit Unrecht beklagt Herr Dr. Alexander Tille sich über meine Bemerkung, er verdiene, daß man das Boileausche Wort auf ihn anwende: J'appelle un chat un chat et Rolin un fripon. Indem er mir ein falsches

Beweisthema untergeschoben und mein hauptsächlichstes Beweismittel einfach unterdrückt hat, hat er sich gekennzeichnet als „une personne, qui se rend coupable de quelque acte déloyal" (cf. s. pl. Littré's Dictionnaire unter fripon), und ich wüßte keine feinere Form, um einen solchen Gegner anzusprechen als die Bezugnahme auf die Boileauschen Verse. Eine Rüge verdient Herr Dr. A. Tille auch dafür, daß er in einem seiner Artikel eine ganze Reihe allerdings recht starker Ausdrücke mir ins Konto schreibt, obwohl dieselben, wie er weiß, aus dem Literarischen Centralblatt herstammen und von mir nur wiedergegeben worden sind, um den Beweis zu führen, welchen Rufes der Genannte sich als Philologe erfreut. Derartige Machenschaften sind durchaus unerlaubt. Ebenso unerlaubt war es, daß Herr Dr. Beumer dem Abgeordnetenhause vorerzählte, ich hätte die Kartelle „für die schlechte Lage der Angestellten" verantwortlich gemacht. Aus den Anlagen kann jedermann ersehen, daß ich wohl von „Abhängigkeit", aber nicht von „schlechter Lage" gesprochen habe, daß Herr Dr. Beumer also etwas Unrichtiges behauptet hat.

Unter den mir zugesandten Kritiken befindet sich eine aus der Feder des Herrn Kommerzienrat Vorster. Dieselbe ist nicht freundlich gehalten, und es kommen in ihr die Mängel zum Ausdruck, welche einem self made Nationalökonomen anzuhaften pflegen. Indes Herr Vorster läßt mir die Gerechtigkeit widerfahren, daß er mein Beweisthema nicht verkehrt, sondern zugesteht, ich habe nur von den möglichen Folgen der Kartellierung gesprochen, und seine Polemik bewegt sich in den Formen einer fair discussion. Ich habe daher in einem offenen Briefe Herrn Vorster repliziert und übergebe diese Replik im folgenden der Öffentlichkeit zum Beweise dafür, daß ich jeden Handschuh, der mir hingeworfen wird, aufhebe: nur muß es ein Handschuh sein!

Zum Schluß noch eine allgemeine Bemerkung! Die Preß- und sonstigen Äußerungen, welche von den Beamten des Zentral-Verbandes der deutschen Industriellen herstammen, gewinnen eine immer größere

Ähnlichkeit mit denen des Bundes der Landwirte. Die Opposition gegen jeden Fortschritt auf sozialpolitischem Gebiete wird stetig schärfer, und die Form, in welcher sie auftritt, stetig maßloser. Bei den erwähnten Verhandlungen des Abgeordnetenhauses über die Befähigung für den höheren Verwaltungsdienst hat Herr Dr. Beumer nach Nennung meines Namens sich erdreistet, den höchsten Beamten Preußens und des Reiches, den Reichskanzler, als ein weiteres Beispiel einer mangelhaften Ausbildung in den Staatswissenschaften anzuführen, eine Leistung, welche sich ebenbürtig denen des genannten Bundes im Cirkus Busch an die Seite stellen darf. Nun sehe ich darin an und für sich keine Gefahr. Zu Bedenken aber gibt es Anlaß, daß in dem ganzen Hause der Abgeordneten sich nicht ein Mann gefunden hat, der Herrn Dr. Beumer darüber belehrt hat, daß ihm jeder Titel dazu fehlt, den Grafen Bülow in dieser geringschätzigen Weise zu behandeln. Es wäre ein gefährlicher Irrtum, wollte man gegenüber dem Triumvirat Bueck-Beumer-Tille und ihrer Preßgefolgschaft eine Politik des Gewährenlassens einschlagen in der Überzeugung, es handle sich um Persönlichkeiten, welche zu wenig bedeuteten, als daß sie schädlich wirken könnten. Erfahrungen, welche jedermann geläufig sind, haben den Beweis erbracht, welche Erfolge lediglich durch eine rücksichtslose Agitation erreicht werden können, und darin liegt für alle diejenigen, welche im Interesse unsers Gemeinwesens den sozialpolitischen Fortschritt wollen, die ernste Mahnung: Serrez les rangs!

„Herr von Rottenburg liegt hingestreckt im Sande und jammert nach Hülfe", wird das Triumvirat rufen. Ach nein, Ihr Herren, hätte ich in meinem Leben nie bedeutendere Gegner gehabt als Sie, so dürfte ich sagen: Es war ohne Mühe.

Bonn, 19. Februar 1903.   v. R.

Sehr geehrter Herr Kommerzienrat,

Sie haben es für gut befunden, Ihrer Polemik gegen meinen Artikel über Kartelle und Trusts die Bemerkung vorauszuschicken, „meine Auslassungen erinnerten wiederholt an die Doktrinen der Sozialdemokratie". Ich bin Beamter und werde als solcher durch eine öffentliche Anklage wegen Hinneigung zu sozialdemokratischen Lehren besonders hart betroffen; dieselbe ist geeignet, meine Stellung zu erschüttern. So wenig ich nun aber auch persönlich einem derartigen Vorgehen Geschmack abzugewinnen vermag, so denke ich doch objektiv genug, um anzuerkennen, daß es ein verdienstvolles Werk sein kann, gegen einen Universitätskurator, welcher sozialdemokratisch gesinnt ist, öffentlich als Ankläger aufzutreten; denn sicherlich ist ein solcher Inkulpat nicht der richtige Mann am richtigen Platze. Nur muß man dann auch in der Lage sein, einen Beweis zu erbringen, der, von unanfechtbaren Voraussetzungen ausgehend, durch einwandfreie Schlüsse die Schuld des Angeklagten außer jeden Zweifel stellt. Mögen Sie nun immerhin glauben, daß Sie einen vollgültigen Beweis erbracht haben, eine solche Bewertung Ihres Belastungsmaterials läßt sich nur durch ein völliges Mißverstehen meiner Ausführungen oder durch eine ungenügende Kenntnis der sozialdemokratischen Doktrinen erklären.

Ihre ganze Argumentation besteht darin, daß Sie die folgenden Sätze des Erfurter Programms zitieren: „Die ökonomische Entwickelung verwandelt den Arbeiter in einen besitzlosen Proletarier, indes die Produktionsmittel das Monopol einer verhältnismäßig kleinen Zahl von Kapitalisten und Grundbesitzern werden. Hand in Hand mit dieser Monopolisierung der Produktionsmittel geht die Verdrängung der zersplitterten Kleinbetriebe durch kolossale Großbetriebe." Eine Äußerung von mir anzuführen, welche an diese beiden Sätze „erinnere", haben Sie nicht für erforderlich erachtet. Nun handelt es sich in denselben aber keineswegs um eine „Doktrin", welche der sozialdemokratischen Theorie eigentümlich wäre, sondern lediglich um die Auffassung eines tatsächlichen Verhältnisses, nämlich der Entwickelung unseres wirtschaftlichen Lebens. Was die Sozialdemokratie kennzeichnet, ist ihr Ideal einer Gesellschaftsordnung, und man kann dieses Ideal auf das schärfste verurteilen, dabei aber doch sehr wohl der Ansicht sein, daß „die Kleinbetriebe immer mehr den Großbetrieben Platz machen". Das trifft beispielsweise zu für die sogen. individualistische Schule in der Nationalökonomie. Diese erbittertsten Gegner der Sozialdemokratie billigen sogar den Entwickelungsprozeß von den zersplitterten Kleinbetrieben zu kolossalen Großbetrieben, weil derselbe der Güterproduktion qualitativ und quantitativ förderlich gewesen sei. Auch möchte ich glauben, daß diejenigen, welche in der Weise, wie Sie es tun, für das Kartellwesen Partei ergreifen, eine Gestaltung unseres wirtschaftlichen Lebens gerade im Sinne der sozialdemokratischen Geschichtsauffassung begünstigen, und doch fühlen sie sich sicherlich von jeder sozialdemokratischen Anwandlung frei. Was die Behauptung von der Verelendung der Arbeiter anbetrifft, so hat Carlyle dieselbe in sehr viel schrofferer Form ausgesprochen, als das Erfurter Programm es tut. In „Past and Present" bekennt er sich zu der Ansicht „that in no time, since the beginnings of Society, was the lot of those same dumb millions of toilers so entirely unbearable as it is even in the days now passing over us. It is not to die, or even to die of hunger, that makes a man wretched; many men have died... But it is to live miserable we know not why; to work sore and yet gain nothing; to be heartworn, weary yet is o lated etc." „See that the shirts are well apportioned", heißt es an einer anderen Stelle, „that our Human Laws be emblem of God's Laws — and where is the apportionment? Two million shirtless or illshirted workers sit enchanted in Workhouse Bastilles, five million more in Ugolino Hunger-cellars." Und für dieses Elend macht er u. a. die Wirtschaftsordnung verantwortlich, welche es der arbeitenden Aristokratie erlaubte, sich auf Irrwege zu verlieren, die Wahrheit zu verkennen, „that money alone is not the representative either of man's success in the world nor of man's duties to men". Unter den Vertretern einer ganz anderen Richtung, der sogen. katholischen Schule, finden Sie ähnliche Anschauungen verbreitet. Villeneuve-Bargemont bezeichnet in seinem großen Werke „Economie politique chrétienne", die lèpre du paupérisme avec toutes ses conséquences für eine notwendige Folge der Einführung der Maschinen und der Herrschaft der économie politique anglaise, welche die Industrie von jeder staatlichen Aufsicht befreite. Es ist mir nicht bekannt, daß Carlyle oder der Vicomte Alban de Villeneuve-Bargemont in dem Verdachte stehen, zu sozialdemokratischen Doktrinen hingeneigt zu haben.

Nach meiner Überzeugung hat unser wirtschaftliches Leben unter der Führung des Individualismus nach einer doppelten Richtung hin eine bedenkliche Gestaltung angenommen: es haben sich Arten des Gütererwerbs herausgebildet, welche mit der Arbeit nichts gemein haben, und zweitens wird selbst da, wo letztere den Titel des Erwerbs bildet, die Größe des Gewinns nicht immer durch das Maß des Nutzens der Arbeit für die Gesamtheit bestimmt. In meinem Artikel habe ich nichts weiter getan, als diese beiden Punkte sowie die Konzentration des Reichtums in Amerika hervorzuheben. Von einem Verwandeln des Arbeiters in einen Proletarier, der Monopolisierung der Arbeitsmittel, der Verdrängung der Kleinbetriebe habe ich mit keinem Worte gesprochen. Wohl aber habe ich im geraden Gegensatz zu den „Doktrinen" der Sozialdemokratie ausdrücklich erklärt, es lägen bereits Anzeigen dafür vor, daß ein Bedürfnis nach einer Remedur für die erwähnten Mißstände sich geltend mache, daß unsere „Entwicklung" sich dem Ziele einer gerechten Verteilung der Güter zuwende.

Ich glaube mich auf den Nachweis beschränken zu dürfen, daß Sie ohne genügendes Studium der Akten eine Anklage gegen mich erhoben haben. Hätte ich das Bedürfnis, den Beweis meiner Schuldlosigkeit zu erbringen, so könnte ich Ihnen schwarz auf weiß vor die Augen führen, daß ich wiederholt, bis zurück in das Jahr 1876, mein litterarisches Scherflein für die Bekämpfung der Sozialdemokratie beigetragen habe und also in der Vertretung der bestehenden staatlichen und wirtschaftlichen Ordnung auf eine größere Zahl von Dienstjahren zurückblicke, als die meisten anderen.

Quant on a pris son parti d'être sincère, il ne faut pas l'être à demi, und so müssen Sie mir die Bemerkung zu gute halten, daß Sie, indem Sie meine Ausführungen gegen die industriellen Kartelle zum äußeren Anlaß Ihrer Anklage nahmen, auch dadurch dargetan haben, daß Sie nicht hinreichend mit den „Doktrinen" vertraut sind, welche Sie toto die bekämpfen. Die Sozialdemokraten sind mit nichten entschiedene Gegner des Kartellwesens. Auf dem Frankfurter Parteitage hat sogar einer der führenden Genossen, Herr Schippel, in einem eingehenden Referate die Kartelle gegen den Verdacht zu schützen versucht, als ob sie durch Preistreibereien die Konsumenten schädigten. Die Parteipresse steht, wie Pohle in seinem Buch über die Kartelle zeigt, denselben keineswegs unfreundlich gegenüber. Allerdings gibt es Ausnahmen. Nicht mit Unrecht hat man gesagt, die Sozialdemokraten betrachteten die Kartelle gleichsam „sub specie aeterni, als Übergangsgebilde zu neuen, vollkommeneren Organisationsformen der menschlichen Wirtschaft". Und selbst diejenigen Genossen, welche in den Kartellen einen weiteren Fortschritt „in der Expropriierung alles Besitzes durch das Großkapital" sehen, sind trotzdem gebunden, derartigen Assoziationen das Wort zu reden, was auch in der Tat geschehen ist, weil sie von denselben eine Beschleunigung der Entwickelung erhoffen müssen, welche zur Realisierung ihres Ideals führt, zu dem Exproprieren der Exproprriateure und zu der Begründung einer kollektivistischen Gesellschaftsordnung.

Sie leiten Ihren Artikel mit der Bemerkung ein, es bestehe, wie häufig bei wirtschaftlichen und sozialpolitischen Fragen, auch hinsichtlich des Kartellwesens ein Gegensatz zwischen Theorie und Praxis. Die Vertreter der ersteren hätten sich in der Mehrheit gegen das Kartellwesen ausgesprochen oder wenigstens eine staatliche Überwachung der Kartelle befürwortet, während die Praktiker dem Kartellgedanken das Wort redeten. Daran knüpfen Sie die Mahnung, „die im allgemeinen übereinstimmende Anschauung der Praktiker sollte auch dem Gegner zu denken geben".

Ich stimme dem letzten Satze bei; auch nach meinem Dafürhalten sind die Theoretiker gebunden, bei der Untersuchung des Kartellwesens — und ich füge hinzu, nicht minder bei der Behandlung eines jeden anderen volkswirtschaftlichen Problems — der Stellungnahme der Praktiker sowie deren Begründung eine eingehende Beachtung zuteil werden zu lassen. Erforderte es nun aber nicht die Billigkeit, geehrter Herr, daß Sie den gleichen Mahnruf an die Praktiker richteten, daß Sie den Lesern von „Stahl und Eisen" ans Herz legten, sie möchten auch ihrerseits der Auffassung der Gegner Beachtung schenken und die Argumente, aus denen heraus die Theoretiker eine Lösung des Problems herzuleiten suchen, in Erwägung nehmen?

Ihre weiteren Ausführungen geben eine Erklärung dafür, daß Sie allein die Theoretiker auf den Grundsatz des Audiatur et altera pars hinweisen. Nur für letztere besteht nach Ihrer Einschätzung das Bedürfnis einer solchen Mahnung. Im dritten Abschnitte Ihres Artikels stellen Sie nämlich folgende Behauptung auf:

„Die Ausführungen des Hrn. v. R., die in einzelnen Sätzen theoretisch richtig sein mögen, zeigen, daß er den Verhältnissen und Erforderungen des wirtschaftlichen Lebens sehr fernsteht. Er begründet seine Ansichten auch vornehmlich mit wissenschaftlicher Spekulation und theoretischen Schlüssen ... Ich beabsichtige nicht, Herrn v. R. auf sein Gebiet zu folgen, sondern stütze auch in der vorliegenden Frage meine Ansichten auf Geschäfts- und Lebenserfahrungen. Der Leser möge entscheiden, welche Methode vorzuziehen ist."

Nach diesen Erklärungen muß die Tatsache, daß Sie Ihre Aufforderung zum „Nachdenken" ausschließlich an die Adresse der Theoretiker richten, auf eine eigenartige methodologische Anschauung zurückgeführt werden. Sie gehen nämlich von der Überzeugung aus, daß der Praktiker, indem er alle volkswirtschaftlichen Fragen aus seinen „Geschäfts- und Lebenserfahrungen" heraus beantworte, schon in dieser seiner Methode die Bürgschaft dafür besitze, daß er das richtige treffen werde, daß dagegen der Theoretiker, welcher seine Ansichten „vornehmlich mit wissenschaftlicher Spekulation und theoretischen Schlüssen" begründe, um deswillen allein notwendig in Irrtümer verfalle, aus denen er durch eine vertrauensvolle Hingabe an den Praktiker gerettet werden könne. Nur mit dieser Auslegung Ihrer Worte ist es vereinbar, daß Sie sich lediglich auf Ihre Empirie verlassen und es nicht nur ablehnen, „auf das Gebiet" des Theoretikers zu folgen sondern auch denselben noch behufs Rektifizierung seiner Auffassung an den Praktiker weisen.

Es liegt dieser Überzeugung eine verkehrte Anschauung von der Methode zugrunde, deren sich der theoretische Nationalökonom bei seinen Forschungen bedient. So unrichtig dieselbe auch ist, so hat sie doch eine weite Verbreitung gefunden. In den Kreisen der Praktiker herrscht der Glaube vor, daß die theoretischen Nationalökonomen, als deren Repräsentanten die Professoren dieser Wissenschaft zu gelten pflegen, Kerle seien, die „spekulierten", und dieser Glaube bedingt notwendig die Einschätzung derselben als Tiere „auf einer Heide von einem bösen Geist im Kreis herumgeführt". Meines Dafürhaltens ist das in hohem Grade zu bedauern, — und zwar vorzugsweise im Interesse der Praktiker. Denn indem dieselben unter dem Drucke eines solchen Vorurteils die Theorie unrichtig bewerten, lehnen sie a limine jede Berührung mit der Professorenweisheit ab und berauben sich dadurch der Gelegenheit, ihre „durch Geschäfts- und Lebenserfahrungen" gewonnenen Auffassungen einer Kontrolle zu unterziehen sowie ihr Wissen auf neue Gebiete auszudehnen, welche außerhalb des Gesichtsfeldes ihrer beschränkten empirischen Methode liegen. Da Sie mir die Ehre erweisen, mich als Vertreter der Theorie hinzustellen, müssen Sie gestatten, daß ich auf das bezeichnete Vorurteil hier etwas näher eingehe.

Was zunächst Ihre Bemerkung über das „theoretisch richtig sein" anbetrifft, so erlaube ich mir, hier vorläufig auf zwei

Sätze aus einer Abhandlung Bezug zu nehmen welche in der Berlinischen Monatsschrift vom September 1793 unter dem Titel erschien: „Über den Gemeinspruch: das mag in der Theorie richtig sein, taugt aber nicht für die Praxis." „Es kann niemand, so heißt es dort, sich für praktisch bewandert in einer Wissenschaft ausgeben und doch die Theorie verachten, ohne sich bloß zu geben, daß er in seinem Fache ein Ignorant sei, indem er glaubt, durch Herumtappen in Versuchen und Erfahrungen, ohne sich gewisse Prinzipien zu sammeln und ohne sich ein Ganzes über sein Geschäft gedacht zu haben, weiter kommen zu können, als ihn die Theorie zu bringen vermag. Indes ist doch noch eher zu dulden, daß ein Unwissender die Theorie bei seiner vermeintlichen Praxis für unnötig und entbehrlich ausgebe, als daß ein Klügling sie und ihren Wert für die Schule einräumt, dabei aber zugleich behauptet, daß es in der Praxis ganz anders laute; daß, wenn man aus der Schule sich in die Welt begibt, man inne werde, leeren Idealen und philosophischen Träumen nachgegangen zu sein; mit einem Wort, daß, was in der Theorie sich gut hören läßt, für die Praxis von keiner Gültigkeit sei." Freilich, es ist ein Theoretiker, von dem diese Ausführungen herkommen, ja sogar ein Professor der Philosophie. Allein ich bin sicher, Sie werden mir ohne weiteres einräumen, daß das Wort dieses Verfassers für jedermann von Gewicht sein muß, er sei Theoretiker oder Praktiker, sein Name ist Immanuel Kant.

Ich wende mich zu Ihrem Angriffe auf die Methoden des Theoretikers.

Unter den heutigen Theoretikern, namentlich den jüngeren, gehört eine stattliche Anzahl der historischen Richtung, dem sogen. Historismus, an. Ihre Forschungen wenden sich ausschließlich der Wirtschaftsgeschichte zu, und sie ist daher wohl auch ohne weiteren Beweis dem Verdacht der wissenschaftlichen Spekulation entzogen. Ihre Kritik kann nur auf die Theoretiker gemünzt sein, welche man heute unter der Bezeichnung absolutistische Schule zusammenfaßt, auf die Dogmatiker. Aber auch diese — ich will sie in Anpassung an Ihre Bezeichnungsweise kurzweg die Vertreter der theoretischen Nationalökonomie nennen — dürfen den Verdacht des Spekulierens weit von sich weisen. Die Spekulation ist nach ihrer Schätzung so wenig ein Vehikel wissenschaftlicher Erkenntnis, daß sie jeden, der sich derselben bedient, schon um deswillen als einen Abtrünnigen behandeln; sie sprechen ihm das Recht ab, sich einen Jünger Adam Smiths zu nennen und verweisen ihn in die Zunft der Dichter, der Thomas Morus, Campanella, Harrington und Morelly.

Es dürfte zum Verständnis der Methode der theoretischen Nationalökonomie beitragen, wenn ich zunächst den Begriff der Spekulation zu erläutern suchte. Für diesen Zweck eignen sich zwei der Naturforschung entlehnte Beispiele: Unter dem Namen Aetna ist uns aus dem Altertum ein Werk überliefert, welches in einer poetischen Form die Lehre des Stoikers Posidonius, der damals höchsten Autorität auf vulkanisch-seismischem Gebiete, über vulkanische Erscheinungen wiedergibt. Der unbekannte Verfasser spricht zunächst von den unterirdischen Hohlräumen und einer durchgehenden Perforation der Erde, in deren Tiefen wallende Glut sich befindet. Die Evolutionserscheinungen stellt er dar als verursacht durch Winde, welche in die Erde hineinstreichen, in ihr herumwühlen und „sie, zu dichter Masse geballt, in dem entsetzlichen Gipfelkrater aufwirbeln". Zwar vermeint der Verfasser, daß er bei dieser Erklärung ganz wissenschaftlich vorgehe, daß er nur „aus handgreiflichen Erscheinungen den darin steckenden Beweis ableite". In Wirklichkeit aber steht seiner Zurückführung der vulkanischen Ausbrüche auf „inflati venti" keine einzige Tatsache zur Seite, sie beruht lediglich auf der rein spekulativen, von Aristoteles vorgetragenen Annahme, daß den mächtigen Naturvorgängen gegenüber jeder andere bewegende Faktor als die Luft ausgeschlossen sei. Ein zweites Beispiel bietet die neuere Geschichte der Entwickelungstheorie. Man darf sagen, dieselbe wird eingeleitet durch die Hypothese eines französischen Generalkonsuls, welcher sechzehn Jahre in Ägypten gelebt und dort unter dem Eindruck der wunderbaren Natur des Niltals über den Ursprung der Erde und ihrer Einwohner nachzudenken begonnen hatte. In dem 1735 gedruckten Buche Telliamed ou entretiens d'un philosophe Indien sur la diminution de la mer avec un missionaire Français schildert Benoît de Maillet, wie ursprünglich, als Wasser die ganze Erde bedeckte, alle lebenden Wesen Wassertiere oder Wasserpflanzen gewesen seien, wie später, nachdem das Wasser sich verzogen habe, ein Teil der Lebewesen sich den neuen Existenzbedingungen anpaßte, und so sämtliche auf der festen Erde existierenden Organismen entstanden seien. Um die Verleger vor den Strafen zu schützen, mit welchen die Verbreitung antibiblischer Theorien bedroht war, ist der Vorrede eine solche Fassung gegeben, daß die Arbeit für ein bloßes jeu d'esprit erklärt werden konnte. Dessen hätte es indes kaum bedurft; etwas anderes enthält das Buch nicht. Zwar prätendiert Maillet sich auf Tatsachen zu stützen, er beruft sich insbesondere darauf, daß unter den Fischarten sich für jede auf dem Lande lebende Tierart ein Analogon befinde. Allein diese angeblichen Tatsachen sind in Wahrheit weiter nichts, als ein Phantasiegebilde des Verfassers.

Hier, geehrter Herr Kommerzienrat, haben Sie zwei Reinkulturen, welche die Eigenart spekulativer Theorien deutlich hervortreten lassen. Sie sehen, wie in denselben von Voraussetzungen ausgegangen wird, welche nicht durch Beobachtung der wirklichen Natur gewonnen sind, sondern allein der Einbildungskraft derer, welche sie aufgestellt haben, ihre Existenz verdanken, und wie aus solchen Voraussetzungen die Konsequenzen deduziert werden, durch welche man die mangelhaft betrachteten Phänomene zu erklären sucht. Deckt sich nun die Methode des theoretischen Nationalökonomen mit der, welche der Verfasser des Gedichtes Aetna oder der des Buches Telliamed befolgt hat? Ich bezweifle nicht, daß mancher Praktiker aus vollster Überzeugung diese Frage bejahen wird. Allein durch eine solche Beantwortung beweist der, welcher sie erteilt, nur das eine, daß er über Dinge urteilt, welche ihm völlig fremd sind.

Wie eine jede andere Wissenschaft, so stellt sich auch die Nationalökonomie die Aufgabe, die Koexistenz und die Aufeinanderfolge der den Gegenstand ihrer Untersuchungen bildenden

Phänomene auf Gesetze zurückzuführen; sie sucht in der Erwerbung, Erhaltung und Benutzung von Sachgütern typische Erscheinungsformen nachzuweisen. Auf dem Wege rein empirischer Forschung ist dieses Ziel nicht erreichbar. Die Beobachtung vermag wohl zur Feststellung von Regelmäßigkeiten zu führen; allein der Begriff der Regelmäßigkeit deckt sich noch keineswegs mit dem der Gesetzmäßigkeit. Letztere darf erst dann für erwiesen gelten, wenn dargetan worden ist, daß der Regelmäßigkeit der Charakter des Notwendigen inne wohnt. Recte ponitur, sagt Baco, vere scire, per causas scire. Es muß also klargelegt sein, wie die Wiederkehr der Koexistenz oder der Aufeinanderfolge der betreffenden wirtschaftlichen Phänomene mit der Wirksamkeit gewisser konstanter Agentien ursächlich zusammenhängt, und das ist nur möglich vermittels einer Argumentation, welche von induktiv gesicherten allgemeinen Wahrheiten ausgehend durch Schlußfolgerungen zur Erkenntnis besonderer Wahrheiten zu gelangen sucht. Indem die theoretische Nationalökonomie diesen Weg einschlägt, geht sie auf die einfachsten Elemente der menschlichen Wirtschaften, welche in ihrer Verbindung die Volkswirtschaften bilden, zurück: die Menschen und die Sachgüter. Sie untersucht, wie ein Mensch in einer arbeitsteilig organisierten Gesellschaft bei dem Erwerben und Verzehren von Vermögen sich verhält, zu welcher Handlungsweise er geführt wird. Insoweit sich dabei herausstellt, daß die ökonomische Tätigkeit der Menschen sich aus einem beziehungsweise aus mehreren Trieben heraus entwickelt, welche einem jeden Individuum inne wohnen, sowie daß ein jedes Individuum auf ein und denselben Weg angewiesen ist, um diese Triebe zu befriedigen, schließt der Theoretiker auf das Vorhandensein ökonomischer Gesetze. Um bei diesem Prozeß etwa untergelaufene Fehler verbessern zu können, vergleicht er das gewonnene Ergebnis mit dem, was die Erfahrung betreffs der von ihm untersuchten wirtschaftlichen Phänomene festgestellt hat, d. h. zur Kontrolle der exakten ruft er die realistisch-empirische Methode zur Hülfe. Auch die Forschungsmethoden stehen im Flusse der Zeit und erfahren Wandlungen oder doch Modifikationen. Im wesentlichen ist die Methode der theoretischen Nationalökonomie seit deren wissenschaftlicher Begründung sich gleich geblieben. Soweit sie in Frage kommt, besteht zwischen den heutigen Theoretikern und Adam Smith, Ricardo, Stuart Mill u. a. die innigste geistige Verwandtschaft. Einen spekulativen Charakter trägt die Methode nun aber in keiner Weise an sich; sie geht lediglich von Tatsachen aus; insbesondere operiert sie nur mit solchen Trieben in der menschlichen Natur, deren Existenz durch die Psychologie in einer jeden Zweifel ausschließenden Weise nachgewiesen worden ist. Ein solches Ableiten aus einer gesicherten Induktion nennt man nicht spekulieren, verehrter Herr, sondern deduzieren, zwei himmelweit von einander verschiedene Prozesse.

Gestatten Sie mir, Ihnen auch die Methode der Theoretiker an einem Beispiele zu verdeutlichen.

Die Bildung der Preise, so lehrt die Mehrzahl derselben, vollzieht sich in der Art, daß letztere notwendig um die Herstellungskosten der betreffenden Ware oszillieren. Wenigstens soll das für alle Waren gelten, welche sich unbegrenzt vermehren lassen, und unter der Voraussetzung, daß nicht politische Verhältnisse, Geschmack, Mode, längere Zeit in Übung gewesene Gepflogenheiten u. a. störend auf die Preisbildung einwirken. Dieses Gesetz wird nun folgendermaßen abgeleitet: Der Produzent A, welcher seine Ware verkaufen will, wird dabei von einem Triebe bestimmt, den ich mit einem der hervorragendsten unserer Theoretiker, Adolf Wagner, als das Streben nach dem eigenen wirtschaftlichen Vorteil und die Furcht vor der eigenen wirtschaftlichen Not bezeichnen will; insbesondere folgt er diesem Triebe auch bei der Abmessung seiner Preisforderung. Würde A nun letztere sehr hoch stellen, so würden die dieselben Waren produzierenden B, C, D u. s. w., welche alle von dem gleichen seelischen Triebe beherrscht sind, indem sie ihre Ware zu verkaufen suchen, ihn unterbieten und ihm so die Konsumenten abspenstig machen. Auch diese streben nach dem eigenen Vorteil und suchen Schaden von sich fern zu halten, gehen also darauf aus, wohlfeil zu kaufen. Aus alledem gelangt man zu dem Schlusse, daß die Preisforderungen der Produzenten in einem angemessenen Verhältnis zu den Herstellungskosten stehen werden. Allerdings kann infolge davon, daß die Nachfrage nach der betreffenden Ware das Angebot übertrifft, ein anderes Verhältnis eintreten. Dasselbe kann aber unmöglich von langer Dauer sein, denn einmal ziehen sich bei hohen Preisen die Käufer unter der Herrschaft des erwähnten Triebes von dem Markte zurück, sodaß das Übergewicht der Nachfrage alsbald aufhört. Sodann wirken hohe Gewinne auf Kapitalien und Arbeitskräfte anziehend, — wiederum weil jener Trieb die Menschen beseelt — und die lukrative Produktion nimmt infolgedessen einen solchen Umfang an, daß Angebot und Nachfrage ins Gleichgewicht zurückkehren. Aus dem Streben nach dem eigenen wirtschaftlichen Vorteil und aus der Furcht vor der eigenen wirtschaftlichen Not läßt sich gleicherweise herleiten, daß die Preise nicht dauernd erheblich unter die Herstellungskosten sinken können.

Sie werden darauf vielleicht erwidern: „Wie sehr meine Geringschätzung der Theorie zutrifft, dafür liefert gerade diese Ausführung einen schlagenden Beweis. Nach derselben nimmt die Theorie zum Ausgangspunkte ihrer Deduktion den Satz, daß der Mensch in seinem wirtschaftlichen Tun und Lassen allein durch das Streben nach seinem eigenen Vorteil und die Furcht vor dem eigenen wirtschaftlichen Nachteil, m. a. W. durch das Streben nach dem Eigenwohle, bestimmt werde. In Wirklichkeit erfolgt aber die Motivation des Wollens des Menschen in seiner Eigenschaft als Wirtschaftssubjekt außer durch dieses Streben noch durch eine ganze Reihe anderer seelischer Triebe, welche zum Teil einen abweichenden, ja sogar einen geradezu entgegengesetzten Charakter haben, nämlich altruistischer Natur sind."

Ich gebe zu, daß der Einwand insofern zutrifft, als er gegen die Theorie geltend macht, sie trage nicht dem vollen Reichtum der der menschlichen Seele innewohnenden Triebkräfte Rechnung. Allein erstens ist es nicht ohne weiteres klar, daß der Wille des Menschen, insofern er sich auf eine wirtschaftliche Tätigkeit richtet, noch durch andere Triebe als durch Eigennutz bestimmt wird, und sodann wäre, selbst wenn der Tatbestand einer Unterlassung vorläge, noch keineswegs der Schluß berechtigt, daß die Deduktion des Theoretikers eine Spekulation sei, oder daß sie die geringschätzige Behandlung verdiene, welche in Ihrem Artikel zum Ausdruck gelangt.

Es wird Ihnen bekannt sein, geehrter Herr, daß der Naturforscher, wenn er sich einer komplizierten Erscheinung gegenüber sieht, das wissenschaftliche Erfassen derselben nicht in der Art anbahnt, daß er ihr, wie man zu sagen pflegt, direkt zu Leibe geht. Er sieht davon ab, sie alsbald in der Totalität und Komplikation, wie sie ihm gegenübertritt, als verursacht zu erklären, und schlägt das sogenannte Isolierungsverfahren ein, d. h. er sucht eine jede einzelne der in der betreffenden Erscheinung sich betätigenden Naturkräfte losgelöst aus der Verbindung mit den anderen auf ihre Wirkungsweise zu bestimmen. So hat beispielsweise die Physik, indem sie die Bewegung eines durch eine Stoßkraft aus seiner Ruhe gebrachten Körpers zu bestimmen unternahm, zunächst einen Faktor, welcher auf diese Bewegung mitbestimmend einwirkt, außer Ansatz gelassen, die Reibung des geworfenen Körpers an der Luft. Die Gleichung, welche der Physiker aufgestellt hat, ermöglicht es daher nur näherungsweise aus der dem Körper gegebenen Geschwindigkeit und dem Elevationswinkel die Steigehöhe, die Wurfweite, die Wurfzeit u. s. w. zu berechnen, und auch nur bei langsamer Bewegung. Wird wegen der großen Geschwindigkeit der Widerstand der Luft sehr bedeutend, so gestellt sich die wirkliche Wurfbahn, die sogen. ballistische Kurve, verschieden von der auf Grund jener Gleichung gefundenen. Allein nie und nimmermehr darf letztere als eine Spekulation angesprochen werden, und kein gebildeter Ingenieur wird ihr den Wert für das praktische Leben absprechen.

Auch die theoretische Nationalökonomie ist in der Notwendigkeit, das Isolierungsverfahren einzuschlagen, wenn sie zu der Erkenntnis typischer Erscheinungsformen im wirtschaftlichen Leben gelangen will. Es ist ihr schlechterdings unmöglich damit zu beginnen, daß sie die Motivation des Willens der wirtschaftenden Menschen in ihrer ganzen Kompliziertheit zum Gegenstand ihrer

Untersuchungen macht; und so war es denn für sie geboten, sich zunächst auf die Erforschung eines einzelnen Triebes in seiner Betätigung auf ökonomischem Gebiete zu beschränken. Aus naheliegenden Gründen wendete sie sich zunächst dem Studium der Wirksamkeit des Eigennutzes zu.

Die älteren englischen, französischen und deutschen Klassiker haben nun allerdings angenommen, daß mit der Erforschung dieses einen Triebes die ganze Aufgabe der Nationalökonomie gelöst sei. Im Anschluß an die damals herrschende Philosophie gingen sie davon aus, daß das innerste Motiv einer jeden menschlichen Tätigkeit und vornehmlich alles ökonomischen Handelns das Sonderinteresse des handelnden Individuums sei, und so gelangten sie zu dem Schlusse, daß die vermittels Deduktion aus diesem Triebe hergeleiteten Gesetze zum wissenschaftlichen Begreifen des ganzen Reichtums des wirtschaftlichen Lebens, wie sich dasselbe in Wirklichkeit abspielte, ohne weiteres ausreichten. Auch neuere Theoretiker wollen, wenngleich nicht für alles menschliche Tun und Lassen, so doch für das wirtschaftliche, in dem Eigennutz die einzige psychische Wurzel erkennen und rekurrieren daher in Übereinstimmung mit den Adam Smith, Ricardo, J. B. Say lediglich auf diesen Trieb, um die typischen Erscheinungsformen in den wirtschaftlichen Phänomenen nachzuweisen. Sie behaupten, als Wirtschaftssubjekt sei der Mensch notwendig nichts weiter als ein eigennütziges Geschöpf; die Formen, in denen sich der Verkehr bewege, seien eben nicht geeignet, bei der Vornahme wirtschaftlicher Akte andere als wirtschaftliche Zwecke ins Auge zu fassen; die Herrschaft eines wirtschaftlichen „Ich", wie die Theorie sie annehme, entspreche der Regel. Es gibt indes auch Theoretiker, welche die psychologische Voraussetzung der alten und neuen Klassiker reprobieren. Sie betonen die Notwendigkeit einer komplementären Erkenntnis durch Aufstellung komplexer Gesetze und haben zunächst den Versuch gemacht, die psychischen Agentien zu bestimmen, deren Wirkungsweise zu ermitteln sein würde, damit die lediglich aus dem menschlichen Eigennutz deduzierten Gesetze diejenige Ergänzung beziehungsweise Rektifizierung erfahren könnten, deren sie bedürften, um ein Verständnis des wirklichen wirtschaftlichen Lebens zu vermitteln.

Ich enthalte mich zunächst einer jeden Stellungnahme gegenüber diesen differenten Richtungen in der Theorie. Es kommt mir vor der Hand lediglich darauf an, letztere gegen den Vorwurf zu decken, als ob sie „mit wissenschaftlichen Spekulationen" operierte, und der Beweis, daß dem nicht so sei, ist, glaube ich, durch die vorstehenden Ausführungen zur Genüge erbracht worden. Es mag sein, daß die Gesetze der Theoretiker unvollkommen sind, wie die Formel, welche der Physiker für die Wurfbewegung aufstellt; sie charakterisieren sich aber als Induktionen aus Tatsachen, welche durch Beobachtung der Wirklichkeit festgestellt sind wie die Gravitation oder der zweite Hauptsatz der mechanischen Wärmetheorie, oder als Deduktionen aus solchen allgemeinen Induktionen, wie z. B. das Brechungsgesetz, und entsprechen also ihrer Herkunft nach den an ein wissenschaftliches Gesetz zu stellenden Anforderungen. In ihrer praktischen Verwertbarkeit übertreffen sie die Gesetze, welche der Physiker unter dem Glassturz in seinem Laboratorium ausfindig gemacht hat. Denn sie geben eine erschöpfende Erklärung aller derjenigen wirtschaftlichen Vorgänge, in denen der menschliche Eigennutz in reinem Zustande zum Ausdruck gelangt. Trifft die eben erwähnte Annahme zu, daß es auch wirtschaftliche Vorgänge gebe, bei welchen andere Triebe mit wirksam sind, so wird man, um dieselben wissenschaftlich zu begreifen, doch immer auf die aus dem Eigennutz deduzierten Gesetze zurückgehen müssen, da letzterer jedenfalls überall mitgesprochen hat; es wird dann nur darauf ankommen, auch noch die Widerstandskraft der sonst in Frage kommenden Agentien zu berechnen.

Aus dem Gesagten ergibt sich eine dringende Mahnung an den Politiker: gewiß soll er sein Ohr dem Praktiker nicht verschließen, aber er darf sich nicht lediglich einer Methode anvertrauen, welche betreffs ihrer Erkenntnisquelle auf weiter nichts als auf Geschäfts- und Lebenserfahrungen angewiesen ist. Ein Politiker, der diesen Fehler beginge, hätte nur die Wahl, auf gut

Glück im Dunkeln herumzutappen oder sich darauf zu beschränken, daß er wartet, bis durch die Erfahrung ein Schaden konstatiert ist, um dann ein Heilverfahren eintreten zu lassen. Ganz anders ein theoretisch geschulter Politiker. Er ist in der Lage, vorauszuberechnen und zu beurteilen, ob und was die Staatsgewalt zu tun habe. Er ist nicht verurteilt, die Hände in den Schoß zu legen, bis das Kind in den Brunnen hineingefallen ist, sondern er hat die Möglichkeit, Schutzmaßregeln zu treffen, damit das Kind überhaupt nicht in den Brunnen hineinfalle. Oder, um auf den hier interessierenden Fall zu kommen: der Politiker, welcher auf Grund induktiv gesicherter Tatsachen zu deduzieren versteht, vermag die möglichen Folgeerscheinungen der Kartellbildung vorauszusehen und eventuell in Zeiten die dem Gemeinwesen drohenden Gefahren abzuwenden.

Nun will ich Ihnen aber gerne einräumen, daß es unter den Theoretikern auch black sheep gibt, welche gelegentlich von der schönen grünen Weide der wissenschaftlichen Forschung auf die dürre Heide der Spekulation übertreten. Sie finden diese Spezies sogar reichlich unter denjenigen Gelehrten vertreten, welche es sich zur Aufgabe gestellt haben, die Forderung theoretisch zu begründen, welche Sie in Ihrem Artikel mit Hilfe eines ganz unzulässigen Analogieschlusses erheben, die Forderung nämlich, daß „die Industrie volle Freiheit bezüglich ihrer internen Angelegenheiten habe". Die Charakteristik jener Abtrünnigen wird mir Gelegenheit geben, mich mit Ihren diesbezüglichen Ausführungen näher zu beschäftigen.

Die französischen Klassiker teilen ihren freiheitlichen Standpunkt; nur sind sie konsequenter, sie fordern völlige Freiheit der Konkurrenz als unerläßliches Korrelat. Wie erwähnt, gehen sie von der Auffassung aus, daß jedermann seinen eigenen Vorteil verfolge. Sie betrachten es — so drückt sich J. B. Say aus — als einen „verderblichen Irrtum, wollte man voraussetzen, daß die Menschen gewöhnlich ihr Privatinteresse dem allgemeinen Interesse opferten". Letzteres sei für sie eine Abstraktion, ein fremdes Interesse, „wie etwa dasjenige, welches man einer Komödie oder einem Roman entgegenbringe". Bastiat spricht sogar von der kläglichen Neigung des Menschen, wenn irgend möglich, auf Kosten anderer zu leben und sich zu entwickeln. Schon für diese Klassiker mit ihrer Einschätzung der menschlichen Natur war es schwer, das Postulat absoluter Freiheit für irgend welchen Erwerbszweig zu begründen, obwohl dieselben in der freien Konkurrenz ein gewisses Sicherheitsventil zu bieten hatten; schaltet man letzteres aus, so wachsen die Schwierigkeiten. Dem Versuche einer solchen Begründung steht — so hat es wenigstens den Anschein — die Tatsache entgegen, daß der Eigennutz eine zentrifugale Tendenz hat, denn aus dieser könnte man die Berechtigung zu dem Schlusse entnehmen wollen, daß ein Gemeinwesen, welches dem Triebe des Eigennutzes freies Schalten und Walten auf wirtschaftlichem Gebiete einräumte, über kurz oder lang in einen bellum omnium contra omnes geraten würde; zum mindesten erscheint die Prognose begründet, daß die wirtschaftlich Schwachen in einem solchen Gemeinwesen der Gefahr ausgesetzt seien, durch die wirtschaftlich Starken ausgenutzt zu werden, bis sie zuletzt zu Arbeitsinstrumenten degradiert würden. Die Replik, der aufgeklärte Egoismus werde niemals verkennen, daß sich das Sonderinteresse des Individuums mit dem Interesse der Allgemeinheit decke, kann über diese Schwierigkeit nicht hinweghelfen; denn gesetzt auch, der Satz sei wahr, so ist doch die Kette logischer Schlüsse, welche allein das Begreifen dieser Wahrheit in jedem einzelnen Falle zu vermitteln vermöchte, eine so ausgedehnte, daß nur besonders begabte Individuen sie zu übersehen im stande sind. Die französischen Klassiker glauben nun trotzdem das Postulat der Freiheit unter keiner Bedingung aufgeben oder auch nur wesentlich modifizieren zu dürfen, denn ohne volle Freiheit scheint ihnen die Produktion von Reichtümern ebenso unbegreiflich zu sein, „wie das Planetensystem ohne die Gravitation oder der Papinsche Topf ohne die elastische Kraft von verdampften Flüssigkeiten". In diesem Dilemma suchen sie Hilfe bei einem deus ex machina: sie flüchten sich hinter das Dogma von der Harmonie der Interessen, m. a. W. sie suchen sich mit der

Behauptung zu decken, daß wenn der Eigennutz auch eine centrifugale Tendenz habe, er in seiner Wirkung sich doch immer als eine zentripetale Kraft erweise. Der von Montesquieu aufgestellten, von Voltaire indossierten Behauptung: Ce qui fait le profit de l'un fait le dommage de l'autre stehen heute die beiden Behauptungen entgegen: Ce qui nuit à une industrie nuit aux autres; ce qui profite aux unes profite aux autres, und: Chacun, en travaillant pour soi, travaille en effet pour tous.

Die Say, Bastiat, Garnier, Baudrillart usw. haben es versucht, das Dogma von der Harmonie der Interessen wissenschaftlich zu begründen. Sie sind eifrig bemüht gewesen, durch Deduktionen darzutun, daß ein jedes Volk aus wirtschaftlichen Rücksichten auf eine kräftige ökonomische Entwickelung aller übrigen Völker Wert legen müsse, daß das flache Land an dem Wohlergehen der Stadt und die Stadt an dem Wohlergehen des flachen Landes Anteil habe, daß, da die einzelnen Industrien sich gegenseitig Unterstützung gewährten und untereinander Absatzwege eröffneten, alle Produzenten solidarisch verbunden seien, daß weder der Konsument aus der Übervorteilung des Produzenten noch letzterer aus der Übervorteilung des ersteren einen Profit ziehen könne, sondern ein jeder dem andern Prosperität wünschen müsse. In erster Reihe widmen sie sich dem Beweise, daß der Mittellose, sobald er nur die nötige Bildung besitze, „um den Zusammenhang der Dinge zu begreifen", das Eigentum mehr in seinem eigenen Interesse als aus Pflichtgefühl verteidigen müsse. Destutt de Tracy unternimmt es sogar, zu zeigen „que le filou même que l'on va punir parcequ'il a violé la propriété, si on ne le retranche pas tout-à-fait de la société, a intérêt que ce droit soit respecté." Indes schon zeitig hat sich bei den Klassikern die Befürchtung geltend gemacht, ihre Argumentationen möchten nicht ausreichen, um jeden Zweifel an dem Vorhandensein einer Interessenharmonie in dem von ihnen behaupteten grenzenlosen Umfange zu beseitigen. Mußten sie doch anerkennen, daß es jedenfalls den Anschein hat, als ob es auch harte Tatsachen gebe, welche mit dem Dogma unvereinbar seien. „La lutte, gesteht Baudrillart ein, la lutte en effet est à la surface, une lutte acharnée et violente, qui ne laisse voir que la confusion." Unter dem Drucke dieser Besorgnis haben die französischen Klassiker sich nun verleiten lassen, in majorem gloriam libertatis zu spekulieren, d. h. den Versuch zu machen, die Lücken, welche Beobachtung und Logik in ihrer Beweisführung gelassen hatten, durch Phantasiegebilde auszufüllen. Kurz bevor J. B. Say die Grundlagen zum Aufbau einer wissenschaftlichen Nationalökonomie in Frankreich legte, hatten die Naturwissenschaften ebendort einen ähnlichen Ausflug in das Land der Chimären gemacht. Nachdem alle Versuche, die biologischen Vorgänge auf Gesetze zurückzuführen, infolge des damaligen Unvermögens der Physik und der Chemie dieselben zu erklären, gescheitert waren, hatte die Schule von Montpellier in Anlehnung an Aristoteles die berüchtigte Lehre von der sogen. force vitale aufgestellt, eine Kraft, welche angeblich in einem jeden organischen Wesen derart wirksam war, daß sie dasselbe aufbaute und sodann für die Erhaltung und Entwickelung sowohl des Ganzen wie der einzelnen Teile Vorsorge traf. Alsbald stellten die Klassiker die Behauptung auf, ein Analogon fände sich in dem sozialen Körper vor; in einem jeden Gemeinwesen wäre eine belebende Kraft erkennbar, welche nicht etwa die Summe der den einzelnen Individuen inne wohnenden Kräfte darstellte, sondern sui generis wäre, ein Wesen, welches durch sich selbst, durch seine eigene Natur lebte, wie der Körper des individuellen Menschen seine Impulse „nicht von einer fremden Kraft empfinge, das Prinzip der Tätigkeit in seinem eigenen Innern trüge". Diese Kraft — Say nennt sie gleichfalls force vitale, Bastiat spricht von einer force curative, andere von einer force progressive, einer vis interna rerum, einer force naturelle et providentielle usw. — soll nun „harmonisierend" wirken. „Elle surmonte, behauptet Say, les facheux effets de la barbarie et des passions", und zwar vermag sie das, weil die menschlichen Willensäußerungen ihr gegenüber nur als Zufälligkeiten gelten dürfen, „welche die gegenseitige Einwirkung der Dinge aufeinander zwar modifizieren, aber nicht sie aufzuheben im stande sind". Ich würde fürchten müssen, Ihre Geduld auf eine zu harte Probe zu stellen, wenn ich hier den Prozeß schildern wollte, vermittels dessen die force vitale angeblich ihre segensreiche Tätigkeit ausübt. Nur auf das eine darf ich wohl noch hinweisen: Auch zu dieser Argumentation haben die Klassiker nicht das Vertrauen gehabt, daß durch sie die Sache der Freiheit gegen jeden Einwand sicher gestellt sei, und so rekurrieren sie denn in letzter Instanz auf die göttliche Weisheit und Gerechtigkeit. Sie führen zunächst aus, wie es außer allem Zweifel stehe, daß die Erscheinungen in der körperlichen Welt eine Gesetzmäßigkeit aufweisen; die Astronomie, die Physik, die Chemie, die Physiologie legten dafür ein Zeugnis ab, dem gegenüber jeder Widerspruch verstummen müsse. Da nun Gott, heißt es dann weiter, unmöglich das eine seiner Werke weit günstiger habe behandeln können als das andere, so sei es ausgeschlossen, daß der, welcher die körperliche Welt ordnete, die Ordnung der sozialen Welt sich selbst überlassen habe. Und in der Tat, wie die willenlosen Atome, so würden durch Gott auch die „freien Kräfte" miteinander verbunden und zu einer harmonischen Bewegung angehalten. Er habe in der sozialen Mechanik ebensoviel rührende Güte, wunderbare Einfachheit und großartigen Glanz entwickelt wie in der himmlischen. Bastiat beendigt seine Ausführungen mit der Versicherung, „er glaube all das" nicht etwa, weil er es wünsche, und weil es seinem Herzen Befriedigung gewähre, sondern um deswillen, weil seine Intelligenz ihm nach reiflicher Überzeugung zustimme. Und man darf seinen Worten Glauben schenken. Es ist leicht erklärlich, daß in einer Zeit, in welcher die Geister durch die ebenso phrasenhafte wie gedankenarme Philosophie Victor Cousins irre geleitet wurden, das Verständnis für den Unterschied zwischen spekulativer und wissenschaftlicher Methode verloren gegangen war. Heute wird jeder, der die geringste methodologische Bildung besitzt, ohne weiteres einräumen, daß die französischen Klassiker, indem sie die „force vitale" und „die Weisheit Gottes" zu Gunsten ihrer Lehre von der Notwendigkeit einer freien Gestaltung des wirtschaftlichen Lebens ins Feld führten, nichts anderes getan haben als spekuliert. — Diese Erwägung bringt mich auf Ihre Forderung voller Freiheit für die Industrie.

„Herr von Rottenburg", schreiben Sie, „verlangte kürzlich in Bonn Freiheit der Forschung für die Wissenschaft, die er nicht eingeengt wissen wollte. Ebenso beansprucht die Industrie volle Freiheit bezüglich ihrer internen Angelegenheiten." Die Verwendung des Wortes „ebenso" an dieser Stelle erscheint mir gewagt. Ist denn in der Forderung der Freiheit für die Wissenschaft notwendig das Anerkenntnis enthalten, daß das Individuum auf allen Lebensgebieten, oder wenigstens auf dem der Industrie Freiheit der Bewegung für sich beanspruchen dürfe? Ich vermag dieses letztere Postulat so wenig als eine logische Konsequenz des ersteren anzuerkennen, daß ich vielmehr der Ansicht bin, nur vermittels eines recht bedenklichen Luftsprunges vermöge man von dem einen zu dem anderen zu gelangen. Sodann habe ich gegen Ihre Forderung einzuwenden, daß es nach den Ausführungen in Ihrem Artikel ganz unmöglich ist, die Tragweite derselben zu übersehen. Sie gebrauchen das Wort „intern" in einem Sinne, welcher sich mit dem gewöhnlichen Sprachgebrauche nicht deckt. Anders wäre es unbegreiflich, daß Sie die Kartellbildungen, welche doch zweifellos nicht nur die Industriellen, die Produzenten, sondern auch die große Masse der Konsumenten sehr nahe berühren, zu den internen Angelegenheiten rechnen. Wie weit Sie aber nun die Grenzen des Begriffes „intern" hinausschieben, darüber lassen Sie den Leser im Unklaren.

Wenngleich ich mich nun durch meine Stellungnahme zu der Frage nach den Bedingungen einer lebenskräftigen wissenschaftlichen Forschung mit nichten für gebunden erachten kann, die gleiche Stellung zu der Frage zu nehmen, unter welchen Bedingungen die Industrie sich lebenskräftig zu entwickeln vermöge, so will ich doch zugestehen, daß ich Konzedierung voller Bewegungsfreiheit auf wirtschaftlichem Gebiete an das Individuum als ein Postulat ansehe, welches nicht nur im Interesse der Industrie sondern auch im gemeinen Interesse gestellt werden muß. In mindestens gleicher Stärke wie bei Ihnen, Herr Kommerzienrat, hat sich bei mir die Überzeugung herausgebildet, daß die Güterproduktion nur da ihr ganzes Können zu entfalten vermag, wo den produktiven Kräften freie Bahn zu ihrer Betätigung gelassen ist. Ich erlaube mir zum Beweise dafür auf die folgenden Ausführungen Bezug zu nehmen, die ich in einer vor mehreren Jahren veröffentlichten Arbeit über die französische Revolution gemacht habe:

„Wiederholt hat sich in der Geschichte — auch während der französischen Revolution — die Idee geltend zu machen versucht, daß Produktion und Verteilung der Güter der unmittelbaren Regelung und Leitung seitens des Staates zu unterstellen seien, daß letzterer also jedermann eine bestimmte Arbeit zum Zweck der Erzeugung von Werten vorzuschreiben und ihm dann aus dem gewonnenen allgemeinen Vorrat den zu seinem Unterhalt erforderlichen Anteil zuzuweisen habe. Die Vertreter der kommunistischen Wirtschaft erkennen an, daß die staatliche Verbindung auf die Erhaltung einer größtmöglichen Zahl ihrer Angehörigen ausgehe; aber sie bestreiten, daß dieses Ziel sich mit Hilfe des Sondereigentums erreichen lasse. Nach ihrer Theorie ist es unmöglich, das Eigentumsrecht dem entsprechend zu normieren. Alle bisherigen Versuche einer Übertragung dieser Theorie ins Praktische sind elend gescheitert; die betreffenden Gemeinwesen sind entweder in kürzester Zeit zu Grunde gegangen oder in den ersten Anfängen der Kultur stecken geblieben, und ein gleiches Schicksal darf man mit mathematischer Bestimmtheit allen zukünftigen kommunistischen Staatenbildungen prognostizieren, weil die Ergebnisse der gemachten Erfahrungen nicht zufällige sind, sondern auf einer psychologischen Notwendigkeit beruhen. Die Natur gibt ihre Schätze nicht freiwillig her; selbst das zur Notdurft des Lebens unumgänglich Erforderliche muß durch Arbeit erworben werden, und, was darüber hinaus liegt, läßt sich nur mit gesteigerter Anspannung unserer körperlichen und geistigen Fähigkeiten erringen. In einem Gemeinwesen, welches das Sondereigentum nicht anerkennt, werden die Individuen sich allenfalls zu einem Kampf mit der Natur verstehen, soweit der Hunger sie dazu treibt; sie werden arbeiten, um das nackte Leben zu fristen; jede weitergehende Anstrengung aber weisen sie von sich, weil es an jedem Anreiz dazu für sie fehlt. Die Nächstenliebe ist ein zu schwacher Faktor, als daß sie die treibende Kraft in dem Zusammenleben der Menschen abzugeben vermöchte; soziale und politische Aufgaben lassen sich nur in der Weise lösen, daß sie mit dem Egoismus des Individuums verknüpft werden. Das gilt auch für das hier in Frage stehende Problem. Der Mensch entschließt sich nur dann mehr zu schaffen, als zu seiner Erhaltung erforderlich ist, wenn sein Eigennutz dabei Befriedigung findet, wenn also als Grundsatz anerkannt wird, daß derjenige, welcher mehr leistet, ein Anrecht auf einen größeren Lebensgenuß erhält. Dazu bedarf es aber des Instituts des Eigentums. Die oben erwähnte Theorie ist um deswillen unhaltbar, weil sie nicht mit den Schwächen der menschlichen Natur rechnet. Jeder bedeutende kulturelle Fortschritt ist im letzten Grunde verursacht worden durch das „am Golde Hängen, nach Golde Drängen", welches unserm Geschlecht eigen ist. Wir würden sicherlich uns noch in dem traurigen Stadium eines Volkes von Jägern und Fischern befinden, wenn nicht die auri sacra fames die Menschen zu immer neuem Dichten und Trachten angespornt hätte und in der staatlichen Ordnung Raum dafür gelassen worden wäre.

„Nach einer zweiten Theorie soll das wirtschaftliche Leben nach ethischen Grundsätzen geregelt und zu diesem Zwecke das Institut des Eigentums wohl anerkannt, der Anteil eines jeden einzelnen an den produzierten Gütern aber bemessen werden entsprechend seinem Verdienst. Auch in der französischen Revolution begegnet man stellenweise dergleichen hochtrabenden Phrasen. Der bei der Feier des Verbrüderungsfestes im Jahre 1790 auf dem Marsfelde errichtete Altar trug die stolzen Worte:
Les mortels sont égaux; ce n'est point la naissance.
C'est la seule vertu qui fait leur différence.
Von der Rednertribüne herab und in der Presse suchte man dem Volke aufzubinden, daß nach dem Sturze des ancien régime diese Inschrift zur Wahrheit gemacht werden sollte. Unter den fundamentalen Bestimmungen der Verfassung von 1791 steht der Satz, daß alle Bürger zu allen Stellungen und Ämtern zuzulassen seien, ohne irgend einen anderen Unterschied als den, welchen Tugend und Talent bewirken. Man rühmte der Revolution nach, daß sie

darauf abzielte, auch auf dem Gebiete des Erwerbslebens das Verdienst als entscheidenden Faktor zur Anerkennung zu bringen. — Es bedarf nur einer kurzen Erwägung, um sich von der Unmöglichkeit einer Regelung des Eigentumserwerbs lediglich nach ethischen Rücksichten zu überzeugen. Mit den Worten „Tugend", „Verdienst" u. a. dergleichen läßt sich nicht ein Begriff verbinden, welcher bestimmt genug wäre, um als regulatives Prinzip für die Verteilung der Güter zu dienen. Es hat keine Schwierigkeit, gewisse Erwerbsarten als eines jeden Verdienstes entbehrend auszuscheiden und ihnen die Qualität eines Rechtstitels zu versagen. Darüber hinaus aber versagt die Theorie. Hiernach bleibt als einzige Möglichkeit die Freigebung der Güterproduktion übrig" etc.

Ich hoffe, das genügt, um mich von dem Verdachte zu reinigen, als ob ich ein Gegner der wirtschaftlichen Freiheit wäre. Allerdings aber habe ich an die oben zitierten Ausführungen das folgende weitere Bekenntnis angeschlossen:

„Die Entfesselung des wirtschaftlichen Lebens bleibt doch immer nur Mittel zum Zweck, und, soweit sie letzterem nicht dient oder gar in Widerspruch mit ihm tritt, ist der Staat gebunden, ergänzende, beziehungsweise korrigierende Maßregeln zu ergreifen. Im Interesse der Erhaltung einer größtmöglichen Anzahl von Individuen muß er die Lücken, welche das Prinzip der Erwerbsfreiheit läßt, ausfüllen und den Gefahren, die es im Gefolge hat, vorbeugen vermittels dessen, was man heute sozialpolitische Gesetzgebung nennt. —

„In dem vorstaatlichen Zustande war jedenfalls der über die Verteilung der Existenzmittel allein entscheidende Faktor die Überlegenheit des einen Individuums über das andere; der Kampf ums Dasein spielte sich damals unter den Menschen genau so ab wie noch heute in der ganzen Tier- und Pflanzenwelt: als Sieger ging aus demselben derjenige hervor, welcher zweckmäßiger angelegt war als seine Mitbewerber, d. h. welcher sie übertraf an Körperkraft, an Geschicklichkeit, an Mut, an Klugheit oder an einer anderweitigen kriegerisch verwertbaren Eigenschaft. Die besseren Muskeln und der größere Phosphorgehalt oder die feinere

Struktur des Gehirns entschieden über die Aneignung der zum Leben erforderlichen Nahrung, und sie bedingten auch den Besitz, die Möglichkeit der Abwehr aller lüsternen Nachbarn. Die Bildung einer Gemeinschaft geschah zu dem Zweck, um ein neues regulatives Prinzip zu schaffen. Sicherlich ist dieselbe nicht von Individuen ausgegangen, welche zweckmäßig angelegt waren; sie hatten kein Bedürfnis, und es fehlte daher für sie der Anreiz, den Naturzustand zu verlassen. Die Wahrscheinlichkeit spricht vielmehr dafür, daß sich zunächst diejenigen miteinander verbanden, welche unvermögend waren, aus eigener vereinzelter Kraft sich ihre Existenzbedingungen zu sichern. Aber selbst wenn diese Unterstellung nicht zuträfe, jedenfalls hat das Zusammenleben der Menschen sich in der Art entwickelt, daß heute die Fürsorge für die wirtschaftlich Schwachen ein Postulat bildet, dessen Erfüllung der Staat sich nicht entziehen kann, ohne seinen Fortbestand in Frage zu stellen. Gewiß soll er dem Stärkeren, dem Klügeren die Chancen eines besseren Fortkommens einräumen, er soll auch das Kapital, gleichviel ob es aus eigener Kraft erworben oder nur ererbt ist, als einen berechtigten Faktor im Kampfe ums Dasein anerkennen; andernfalls würde eine Stagnation eintreten, weil jede Anregung zu einer gesteigerten Betätigung der Arbeitskraft fortfiele; allein die individuelle Überlegenheit darf nicht allein den Ausschlag geben. Wenn der Staat es dulden wollte, daß sich der Wettbewerb ums Leben regellos zwischen Individuum und Individuum abspielte, so würde die unabwendbare Folge davon der Krieg aller gegen alle, die Auflösung des Gemeinwesens sein. Es ist unbestritten, daß der Staat, um seiner Aufgabe gerecht zu werden und im Interesse der Selbsterhaltung der Ausnutzung der größeren Muskel- und Gehirnkraft Grenzen setzen muß, indem er der Vergewaltigung und der Überlistung entgegentritt. Ebensowenig sollte man in Abrede stellen, daß er berechtigt und verbunden ist, auch noch weiter die Freiheit einzuschränken, insbesondere dem Schwachen in der Weise zu Hilfe zu kommen, daß er denjenigen seiner Angehörigen, welche sich eines über ihre Bedürfnisse hinausgehenden Besitzes erfreuen, Auflagen zu Gunsten der

Besitzlosen macht, sei es um dieselben unmittelbar zu unterstützen, sei es um ihnen durch Gewährung von Arbeitsgelegenheit die Mittel zum Leben zu verschaffen. Denn auch das liegt in seinem Beruf und bedingt seine Existenz. Allerdings muß dabei eine Grenze gemacht werden; die Belastung verliert ihre politische Berechtigung, wenn sie so hoch wird, daß sie die Ansammlung von Gütern hindert und damit den Trieb zum Erwerb lahm legt. Ein Staat, in welchem die Besitzenden überbürdet werden, müßte in seiner kulturellen Entwickelung ebenso zurück bleiben wie ein Gemeinwesen, das nach kommunistischen Prinzipien geordnet ist.

„Die ultra-liberalen Nationalökonomen leugnen die Zulässigkeit der Staatshilfe; ihnen ist der Grundsatz des laissez faire, laissez aller die höchste politische Weisheit, und demgemäß sprechen sie jedermann die Berechtigung des Daseins ab, dem es nicht gelingt, sich aus eigener Kraft, wie Malthus sagt, „ein Gedeck bei dem großen Gastmahl der Natur" zu verschaffen. Es ist indes leicht nachweisbar, daß diese Auffassung in ihrer praktischen Anwendung gerade zur Vernichtung derjenigen Mitglieder des Gemeinwesens ausschlagen würde, auf deren Vorteil sie berechnet ist. Unter der ausschließlichen Herrschaft der freien Konkurrenz müßte „das große Gastmahl der Natur" alsbald in eine wüste Schlägerei ausarten; denn es würde dann die Zahl derer, welche gar kein oder doch nur ein kümmerliches Gedeck fänden und daher über ihre glücklicheren Konkurrenten herzufallen bereit wären, so wachsen, daß die staatliche Gewalt nicht mehr das Vermögen besäße, letztere zu schützen. Das eigenste Interesse der Besitzenden erfordert es, daß auch die Besitzlosen durch die staatliche Ordnung zufriedengestellt werden" u. s. w.

Ich stehe heute genau auf demselben Standpunkte, den ich vor 10 Jahren eingenommen habe. Es ist geboten, daß dem Individuum auf wirtschaftlichem Gebiete volle Bewegungsfreiheit gewährt werde; aber meines Dafürhaltens heißt es sich in Widerspruch setzen mit dem allgemeinen Rechtsbewußtsein, mit unseren moralischen Anschauungen und mit unseren Vorstellungen von dem, was das Interesse eines Gemeinwesens zu fördern geeignet ist, wenn man für das wirtschaftende Individuum die Befugnis in Anspruch nimmt, durch keine Schranke gebunden nach seinem Belieben zu schalten und zu walten, wenn man also die staatliche Gewalt von jeder Einwirkung auf das Gebiet des wirtschaftlichen Lebens ausschließt. Eine derartige Auslegung des Prinzipes des Laissez-faire läuft auf einen Mißbrauch der Flagge der Freiheit zur Deckung einer Art Kaperei hinaus.

Es liegt mir sehr ferne hier allen denjenigen mala fides vorwerfen zu wollen, welche einen abweichenden Standpunkt einnehmen. Sicherlich sind die meisten überzeugt, das Postulat der absoluten Freiheit lasse sich begründen, zumal wenn es auf „interne Angelegenheiten der Industrie" beschränkt werde. Allein in Wahrheit sehen sich diese Gutgläubigen gezwungen, von Voraussetzungen auszugehen, welche auf exakte Weise nicht verifiziert werden können. Ich habe bereits erwähnt, daß die Berechtigung einer solchen extremen Laissez-faire-Theorie aus einer teleologischen Weltanschauung hergeleitet zu werden pflegt. Schon ihr erster Vertreter, Boisguillebert, macht zum Beweise dafür, daß infolge eines in allen Zweigen des Verkehrs bestehenden Equilibriums der wirtschaftlich Starke gar nicht in der Möglichkeit sei, den wirtschaftlich Schwachen zu benachteiligen, in letzter Instanz geltend, die Natur habe für jedes schwache Tier eine Zufluchtsstätte vorgesehen, damit es nicht die Beute des starken werde. Spätere Beweisführungen sind zwar weniger plump; allein, wie ich mir oben darzulegen erlaubt habe, ihren Abschluß haben sie alle in einer Spekulation gefunden; m. a. W. sie sind mißlungen, und meines Erachtens darf mit großer Sicherheit allen zukünftigen Versuchen nach dieser Richtung hin ein gleiches Schicksal prognostiziert werden. Wie dem aber auch sein möge, bisher ist jedenfalls ein exakter Beweis für die Lehre von der Harmonie der Interessen unter den wirtschaftenden Individuen nicht erbracht worden, und daher darf man dieselbe nicht für eine Absteckung der Grenzen zwischen staatlicher Autorität und individueller Freiheit als regulatives Prinzip verwenden wollen. Neuerdings haben sich denn auch die meisten Klassiker von derselben abgewendet; ja zum Teil sind sie sogar offen zu dem Dogma einer Disharmonie übergegangen, indem sie die Absichten der Vorsehung in Betreff des Menschengeschlechts dahin deuteten, daß nur eine Anzahl auserkorener Individuen erhalten und vervollkommnet werden sollte, die übrigen dagegen lediglich dazu bestimmt wären, ihre Kräfte zum Zwecke der Verbesserung der Existenzbedingungen jener Erwählten einzusetzen. Wenngleich nun diese Auffassung dank dem Glanze der Diktion, mit welcher dieselbe von einzelnen soi-disant Philosophen vorgetragen worden ist, weite Verbreitung gefunden hat, so darf ich mich doch an dieser Stelle mit einer kurzen Erwähnung derselben begnügen. Es liegt auf der Hand, daß von dem sogenannten aristokratischen Individualismus kein für die Logik gangbarer Weg zu dem hier in Rede stehenden Postulat führt; seine Vertreter sind durch ihre Weltanschauung gebunden, ihre Forderung eines extremen Laissez-faire auf den Kreis der auserkorenen Wirtschaftssubjekte zu beschränken. Zudem bin ich überzeugt, Sie schließen sich dem Gebete Brownings an:

„Mach fürder keine Riesen, Gott,
Erhebe die ganze Menschheit."

Man kann sich behufs Abweisung eines jeden Eingriffs der staatlichen Gewalt in das Gebiet des wirtschaftlichen Lebens auch noch darauf berufen, daß neben dem Eigennutz andere Triebe der menschlichen Seele innewohnen, welche die zentrifugale Wirksamkeit der ersteren zu paralysieren vermöchten, vor allem also die religiösen und moralischen Gefühle. Meines Dafürhaltens darf indes eine solche Berufung nur bei denjenigen auf Glauben rechnen, welchen die Wirtschaftsgeschichte völlig unbekannt ist. Denn letztere läßt mit einer, jeden Zweifel ausschließenden Deutlichkeit erkennen, daß die religiösen und moralischen Gefühle dem Genus homo sapiens keineswegs so allgemein zu eigen sind, daß sie als zu dessen Wesen gehörig angesehen werden dürften. Es genügt hier, einige wenige Daten hervorzuheben, um jedenfalls den Satz gegen jeden Widerspruch zu sichern, daß die Nächstenliebe nicht für alle Zeiten und für alle Orte in Rechnung gestellt werden darf, wenn es sich um die Entscheidung der Frage handelt, ob und inwiefern die staatliche Gewalt in das wirtschaftliche Leben einzugreifen befugt sei. Ich entnehme diese Daten den Zuständen, welche in Frankreich und England zu der Gesetzgebung betreffend die Beschränkung der Kinderarbeit in der Industrie geführt haben. Von allen Arten der Ausbeutung der Schwachen durch den Starken ist die verächtlichste sowie zugleich in ihren Folgen gefährlichste die Ausbeutung des Kindes. Man sollte meinen, daß das geringe Quantum von Altruismus, dessen man benötigt, um mit den Leiden eines Kindes mitzufühlen, in einem jeden Arbeitgeber vorhanden sein müsse oder wenigstens doch in der großen Mehrzahl derjenigen, in welchen der eigene Besitz von Kindern notwendig ein Interesse an der Kinderwelt überhaupt entwickelt hat, und daß also die Wirtschaftsgeschichte Fälle einer Ausbeutung der in Rede stehenden Art nur als Ausnahmen zu verzeichnen habe. Indes dem ist nicht so. Ich will mich hier nicht auf die Klagen über die schlechte Behandlung der Kinder in den Fabriken und der kleinen Industrie berufen, welche schon in den 30er Jahren seitens der französischen Presse erhoben und später in der französischen Kammer von angesehenen Männern wiederholt worden sind. Es läßt sich heute nicht mehr feststellen, ob damals „der Ochsenziemer" häufig oder nur ausnahmsweise „zu den Arbeitsinstrumenten" gerechnet wurde. Jedenfalls aber hat die Enquete, welche zu dem Erlaß des Schutzgesetzes vom 22. März 1841 führte, dargetan, daß die Beschäftigung der Kinder in den Fabriken oft eine ihre Gesundheit schädigende Dauer angenommen hatte. Von den Conseils de prud'hommes und den Handelskammern, deren Auskünfte gewiß nicht dem Verdacht der Schwarzfärberei ausgesetzt sind, wurde bekundet, daß beispielsweise in den Baumwollen-Manufakturen Kinder von 5 und 6 Jahren bis zu 14 und 15 Stunden ununterbrochen — quatorze et quinze heures consécutives — zur Arbeit angehalten wurden. Als auf diese Enquete hin der Minister Maßregeln gegen das Übermaß von Beschäftigung zu Gunsten der Kinder unter 16 Jahren in Antrag brachte, erhoben die den gesetzgebenden Körperschaften angehörigen Fabrikanten fast einstimmig

Widerspruch, und, daß das Gesetz zustande kam, ist in erster Reihe der Beredsamkeit Gustave de Beaumont's, des Freundes Tocqueville's, zu verdanken, welcher den für die moralische Höhenlage der damaligen französischen Arbeitgeber charakteristischen Appell an sie richtete: „Quand l'humanité ne le reclamerait pas, je dis que la prudence politique commanderait au gouvernement de s'occuper du sort des classes ouvrières." Man wird an die modernen „Scharfmacher" erinnert, wenn man liest, in welcher Weise die Fabrikanten im Palais Bourbon gegen die Gesetzvorlage zu Felde zogen. Dieselbe wurde als „un commencement de Saint-Simonisme ou de Phalanstérisme" bezeichnet; ein Redner warf der Regierung vor, sie gehe darauf aus, à faire croupir l'enfance dans l'oisiveté, ein anderer höhnte sie mit der Frage, ob man etwa auch die Absicht habe, d'aller au domicile paternel voir si l'enfant est nourri, vêtu usw. Noch trauriger sind die Verhältnisse, welche durch verschiedene während des vorigen Jahrhunderts seitens des Parlamentes veranlaßte Enqueten über die Kinderarbeit in der englischen Industrie aufgedeckt worden sind. Es genügt, hier einiges aus dem Berichte zu erwähnen, mit welchem die Ergebnisse einer von Lord Ashley angeregten Untersuchung über die Lage der Kinder in den Bergwerken im April 1842 dem Parlament unterbreitet wurden. Im Durchschnitt begann die Arbeit in den Kohlenbergwerken mit dem 8. und 9. Jahre; es waren aber auch Fälle festgestellt worden, in denen Knaben und Mädchen von 5 Jahren beschäftigt worden waren. In dunkeln Nischen sitzend, in welche das Wasser durch Spalten herabsickerte, hatten die jüngsten den ganzen Tag auf das Öffnen und Schließen der in den unterirdischen Galerien angebrachten Türen zu achten; die älteren Kinder wurden dazu verwendet, die mit Kohlen beladenen Wagen in die Hauptgalerien zu befördern, eine schwere Arbeit, welche nichtsdestoweniger 11 bis 14 Stunden, in Derbyshire sogar bis zu 16 Stunden dauerte, so daß die unglücklichen Geschöpfe im Winter nur an Sonntagen das Tageslicht zu sehen bekamen. Die Behandlung war häufig eine rohe und die Ernährung, trotzdem die Löhne meistens ausreichten, stellenweise, namentlich in Yorkshire, Derbyshire und Gloucestershire, eine mangelhafte. Wie sehr die Kinder Unfällen ausgesetzt waren, ergab sich aus einem statistischen Nachweise, demzufolge von allen Verunglückten $1/3$ unter 18 und $1/6$ unter 13 Jahren gewesen waren. Darf man nun behaupten, daß die französischen Arbeitgeber in der Textilbranche und die englischen Kohlenbergwerksbesitzer während der ersten Hälfte des 19. Jahrhunderts, welche eine derartige Behandlung der Kinder entweder selbst veranlaßten oder doch geschehen ließen, als Ausnahmen, als pathologische Erscheinungen anzusprechen sind? Meines Wissens sind Individuen mit einem derartig ausgebildeten Eigennutz stets als normale Mitglieder der wirtschaftlichen Gesellschaft eingeschätzt worden, und der Gesetzgeber darf sie also nicht als quantités negligables behandeln.

Denjenigen, welche eine Rechtfertigung der bedingungslosen Freigabe des wirtschaftlichen Lebens aus den religiösen und moralischen Gefühlen der Menschen herleiten wollen, bleibt demnach nur übrig, auf die zukünftige Entwickelung der Menschheit hinzuweisen, d. h. die Prognose zu stellen, daß in futuro die Religiosität und die Moralität der Menschen einen genügenden Stärkegrad erlangen würden, um als Bürgschaft gegen eine jede Ausbeutung des Schwachen durch den Starken zu dienen. Nun kann man füglich die Möglichkeit einer Kräftigung und Verfeinerung der altruistischen, zentripetalen Gefühle der Menschen vermittels eines geistigen Züchtungsprozesses nicht in Abrede stellen, eine Möglichkeit, welche allerdings nur unter der doppelten Voraussetzung zur Wirklichkeit werden könnte, daß die Religion die Dogmen, welche mit der fortschreitenden Wissenschaft nicht vereinbar wären, abstieße, und gleichzeitig unsere Jugenderziehung sich in höherem Maße, als dies bisher geschehen ist, der Ausbildung des Charakters zuwendete. Indes, eine solche Verweisung auf die Zukunft ist doch nichts anderes als die Ausstellung eines Wechsels, dessen Verfallzeit in so weiter Ferne liegt, und dessen Einlösung so wenig gesichert ist, daß die Gesetzgebung ihn vor der Hand nicht als einen Wert ansehen darf, den sie bei Aufstellung ihrer Berechnungen zu berücksichtigen habe. Nahezu zwei Jahrtausende ist der zivilisierten Welt unter Berufung auf eine göttliche Autorität eine Lehre gepredigt worden, welche die Liebe zum Nächsten als das vornehmste Pflichtgebot hinstellt, und die hervorragendsten Denker sind jederzeit der Religion zu Hülfe gekommen, indem sie dieses Gebot als ein Postulat der Vernunft zu entwickeln gesucht haben. Aber weder dem Appell an den Glauben noch dem an die Vernunft, weder den Religionslehrern noch den Philosophen ist es gelungen, die Menschheit auf ein höheres sittliches Niveau zu erheben. Dank dem Umstande, daß wir heute die Folgen des menschlichen Handelns richtiger erkannt haben, sind unsere Moralgebote dem gemeinen Interesse besser angepaßt als die unserer Voreltern; der Kampf ums Dasein spielt sich nicht mehr in der rohen Form des Mordes und des Totschlages ab, sondern ist in die verfeinerten Formen der Ausnutzung der Kräfte unserer Konkurrenten übergeleitet worden; aber die Zahl derjenigen, welche den Geboten Gehorsam leisten, ist im Vergleich zu früheren Zeiten nicht gewachsen. Erlauben Sie mir, Sie an die Äußerungen zweier Männer zu erinnern, von denen der eine durch seine Kenntnis der menschlichen Seele, der andere durch seine Beherrschung der Weltgeschichte vor allen anderen legitimiert war, das Problem der moralischen Entwickelung der Menschheit zu behandeln. Klüger und einsichtiger, sagt Goethe, werden die Menschen, aber b e s s e r, glücklicher und tatkräftiger nicht — oder nur auf Epochen. Und Ranke erwidert dem König Max von Bayern auf eine diesbezügliche Frage: es lasse sich nicht annehmen, daß in jedem nachfolgenden Jahrhundert eine größere Anzahl von sittlich höher potenzierten Menschen existiere, auch glaube er nicht, daß sich im neunzehnten Jahrhundert mehr intelligente Leute vorfänden als im achtzehnten.

Es wäre ein verhängnisvoller Irrtum, wollte man annehmen, es sei wenigstens eine so große Zahl altruistisch gesinnter Menschen schon heute vorhanden oder werde doch in Zukunft vorhanden sein, daß man von der öffentlichen Meinung erwarten dürfe, sie werde ein Gegengewicht gegen den Mißbrauch der Freiheit schaffen. König Lears berühmtes Wort:

Plate sin with gold
and the strong lance of justice hurtless breaks
gilt noch heute in der Abänderung, daß die Lanze der öffentlichen Meinung an dem Unrecht zersplittert, wenn es in Gold gehüllt ist. Es mag sein, daß, wenn eine Periode eintritt, in welcher wie Goethe sagt, die Menschen besser sind, die öffentliche Meinung dem Schwachen einen wirksamen Schutz zu verleihen vermag. Allein — ich komme später darauf zurück — in einer solchen Periode befinden wir uns zur Zeit nicht. Das Streben nach Genuß spielt heute bei der Bestimmung des Willens der Mehrheit oder doch sehr vieler Menschen eine so entscheidende Rolle, daß ihm gegenüber die Rücksicht auf die öffentliche Meinung nicht zu Wort zu kommen vermag; sie ist außer Stande, dem Egoismus Beschränkungen in der Wahl seiner Mittel aufzuerlegen; insbesondere kann sie ihn nicht von einer Ausnutzung des Schwachen abhalten, welche mit dem Strafgesetz vereinbar ist. Und außerdem: es giebt immer auch eine zweite öffentliche Meinung, bei der der Mißbrauch der Freiheit durch den wirtschaftlich Starken eine Rechtfertigung findet. Ich könnte Ihnen schon aus meiner nicht gerade sehr umfassenden Erfahrung verschiedenes Beweismaterial dafür zur Verfügung stellen, mit welcher Konnivenz selbst recht ärgerliche Flecken auf der weißen Weste eines Milliardärs übersehen werden oder doch schnell in Vergessenheit geraten, und nach dem eben Gesagten ist die Zeit auch nicht abzusehen, in welcher, wie es in der Glosse zum Sachsenspiegel heißt: Gut ohne Ehre für kein Gut zu nehmen sein wird.

Es ist „eine beständige Erfahrung", lehrt eine dritte Richtung, daß das Predigen zu Gunsten der Menschlichkeit, des Wohlwollens, der Gerechtigkeit, der Pflichten gegen unsere Nächsten, der zukünftigen Verantwortlichkeit u. s. w. stets eine sehr beschränkte Wirkung gehabt hat; die schlechten Neigungen, insbesondere die Neigung sich auf Kosten anderer wirtschaftliche Vorteile zu verschaffen, sind den Menschen in solcher Stärke angeboren, daß es eines schärferen Mittels bedarf, um sie im Zaum zu halten. Allein, so argumentiert man weiter, damit soll keineswegs die Notwendigkeit anerkannt werden, das Gesetz zu Hülfe zu rufen. Der Eigennutz hat eine so providentielle Tendenz, daß man mit demselben allein auszukommen vermag. Freilich, die Unterstellung einer beständigen Harmonie zwischen den Sonderinteressen aller wirtschaftenden Individuen ist eine Illusion. Mit den Tatsachen im Einklang dagegen steht die Annahme, daß die Interessen aller derjenigen Individuen harmonieren, aus welchen sich die große Masse zusammensetzt, und daß dieselben sich mit den gemeinen Interessen decken. Diese Wahrheit ist eine so offenkundige, daß Jedermann sie zu begreifen vermag, wenn er nur über seinen wirklichen Vorteil aufgeklärt ist. Da ferner die Massen, wenn sie die erforderliche Organisation besitzen, auch die Macht haben, jeden etwaigen Versuch der Ausnutzung zurückzuweisen, so ist ein die Möglichkeit einer Gefährdung der Schwachen ausschließendes wirtschaftliches Zusammenleben der Menschen durchführbar auch ohne daß der Staat mit strafrechtlichen Vorschriften eingreift. Die einzigen Voraussetzungen dafür sind also eine rationelle Erziehung der Massen und die Einräumung des Koalitionsrechtes. Ich halte es für ausgeschlossen, daß Sie auf diese Theorie rekurrieren wollen, um Ihre Forderung nach Freiheit zu begründen, schon um deswillen, weil Sie in Ihrem Artikel die Gewährung der vollen Koalitionsfreiheit an die Massen ablehnen, und es erübrigt daher, auf die vorstehende Argumentation hier weiter einzugehen.

Sie werden mir hier entgegenhalten: „Ihre Unterscheidung zwischen Freiheit und Willkür ist so lange indiskutabel, als Sie nicht die beiden Begriffe bestimmt umschrieben haben, oder mit anderen Worten es liegt Ihnen ob, die Grenze zu ziehen, bis zu welcher Sie der staatlichen Gewalt einen Eingriff in das wirtschaftliche Leben gestatten wollen. Erst damit wäre die Grundlage gewonnen, welche für eine Erörterung des strittigen Punktes die conditio sine qua non bildet". — Nun muß ich Ihnen das Geständnis ablegen, Herr Kommerzienrat, daß ich außer Stande bin, dieser Forderung zu entsprechen. Da ich mich ziemlich eingehend mit der Frage beschäftigt habe, würde ich Ihnen leicht viele Dutzende solcher Grenzbestimmungen vorführen können, aber alle sind meines Erachtens so unbestimmt, daß für sie gilt, was ein berühmter Staatsmann von den englischen Parlamentsakten gesagt hat: Man kann durch sie mit einem Viergespann hindurch fahren. Und dieser Mangel ist ein notwendiger. Das wirtschaftliche Leben ist so vielgestaltig, daß es schlechterdings unmöglich ist, ein unantastbares Gebiet der individuellen Freiheit in einer jedem Zweifel bezüglich eines jeden Punktes vorbeugenden Weise abzugrenzen. Man kann nur betreffs einzelner spezieller Fragen Bestimmungen treffen, wie weit die Rechtssphäre des Individuums sich ausdehnen dürfe. Ich gehe aber weiter und behaupte, wäre eine allgemeine Abgrenzung denkbar, so dürfte der Staat eine entsprechende Bindung doch höchstens für eine kurze Zeit acceptieren, und zwar schon um deswillen, weil es nicht in der Möglichkeit liegt, für eine lange Periode voraus zu berechnen, wie die Menschen zu bewerten sein und wie die Verhältnisse sich gestalten werden. Ich bin nicht der Ansicht der Klassiker, daß die Motivation des Willens der wirtschaftenden Menschen lediglich durch den Eigennutz erfolgt; meines Dafürhaltens können auch altruistische Gefühle ihn beeinflussen. In welchem Stärkeverhältnis beide zu einander stehen, läßt sich nur für einen bestimmten Ort und für eine bestimmte Zeit berechnen. Jeder Meinungsverschiedenheit entzogen ist die Annahme, daß die Verhältnisse, unter welchen die Menschen wirtschaften, in den Fluß der Zeit gestellt sind. So haben beispielsweise die Fortschritte der Chemie, indem sie die Möglichkeiten, sich vermittels Fälschungen von Waren auf Kosten Anderer zu bereichern, erheblich vermehrten, Eingriffe der staatlichen Gewalt in das wirtschaftliche Leben notwendig gemacht, welche ehedem als frivole Belästigungen des Verkehrs hätten eingeschätzt werden müssen. Hierher ist ferner die rapide Ausbildung der verschiedenen Formen von Assoziationen zum Zweck gemeinsamer Wirtschaft zu rechnen. Heute dürfte wohl Niemand mehr in Abrede stellen, daß das Aktienwesen mit Begleiterscheinungen verbunden sein kann, welche eine Ingerenz des Staates zur Notwendigkeit machen. Zu der gleichen Diagnose muß man meines Dafürhaltens betreffs der Kartelle kommen. — Bevor ich jedoch auf diesen Punkt eingehe, bitte ich eine allgemeine Bemerkung betreffs der staatlichen Eingriffe in das wirtschaftliche Leben machen zu dürfen. Die Entwickelung dieses Lebens wird sich nach meiner Auffassung auf absehbare Zeit in einer Richtung bewegen, welche solche Eingriffe in immer weiterem Umfange notwendig machen wird. Für die körperliche Welt besteht das Gesetz, daß je vollkommener ein Organismus ist, eine um so engere Abhängigkeit zwischen seinen Gliedern besteht. Das Gleiche gilt von den sozialen Organismen: je höher dieselben stehen, oder mit anderen Worten je weiter das Prinzip der Arbeitsteilung in ihnen zur Durchführung gelangt ist, um so abhängiger werden die einzelnen Wirtschaftsgenossen von einander. Daraus folgt, daß in eben dem Maße auch das Bedürfnis nach einem staatlichen Schutz der Schwachen gegenüber dem Starken wächst. Gerade vom Standpunkte dieser Prognose aus gelangt man aber mit Notwendigkeit zu dem Schlusse, daß ein jeder Staatseingriff in das wirtschaftliche Leben streng vermieden werden muß, der nicht erwiesener Maßen durch das Vorhandensein eines Bedürfnisses gerechtfertigt ist. Je höher man die Zahl der politisch gebotenen Eingriffe ansetzt, umsomehr ist man gebunden, einer Belastung der Wirtschaftssubjekte durch Gesetze entgegenzutreten, welcher ein solcher Beweis nicht zur Seite steht. Selbst wenn ein Gesetz an dem verhältnismäßig noch geringen Fehler leidet, daß es etwas Überflüssiges vorschreibt, also beispielsweise die Zeit für die Beschäftigung von Frauen in Fabriken begrenzt, obwohl die Grenze tatsächlich in allen Fabriken eingehalten wird, so können doch daraus nachteilige Wirkungen entstehen. Die beste Bürgschaft für den Schutz der Schwachen ist dann vorhanden, wenn der Starke aus freier Überzeugung sich einer Ausnutzung seiner Überlegenheit in egoistischem Sinne enthält. Substituiert man vermittels eines überflüssigen Gesetzes der Triebfeder der Nächstenliebe den staatlichen Zwang, so läuft man Gefahr, daß das Tun und Lassen des Starken sich aus einem überzeugungstreuen in ein widerwilliges verkehrt, woran sich die weitere unliebsame Folge schließt, daß der Starke sich in seinem Verhalten gegenüber den Schwachen auf die Erfüllung des durch das Gesetz Gebotenen beschränkt, während er, von dem staatlichen Zwange befreit, möglicherweise bestrebt gewesen sein würde, seine Nächstenliebe in immer ausgedehnterem Maße zu betätigen. Es ist ferner zu erwägen, daß eine gesetzliche Regelung der Beziehungen zwischen Arbeitgeber und Arbeitnehmer — und an diese denke ich hier in erster Reihe — häufig zu einer Gefährdung derselben führen wird. Während freie Gewährungen seitens des ersteren geeignet sind, das Gefühl der Dankbarkeit und der Anhänglichkeit in letzterem zu erwecken und so das Verhältnis zwischen beiden günstig zu gestalten, ist von einer Nötigung des Arbeitgebers durch den Staat zu befürchten, daß in dem Arbeitnehmer der Annahme Vorschub geleistet werde, als ob ein natürlicher Antagonismus der Interessen und Gefühle zwischen beiden Teilen vorhanden sei, welcher einen künstlichen Ausgleich erfordere. Auch ist die Ausführung gesetzlicher Strafandrohungen, wie es die hier in Rede stehenden sind, nicht nur mit Kosten, sondern häufig mit Belästigungen der Industrie verbunden. Endlich machen sich in ihrem Gefolge nur zu oft noch andere Erscheinungen bemerkbar, welche dem gemeinen Interesse zuwider laufen; ich beschränke mich darauf, an die immerhin nicht seltenen Denunziationen zu erinnern, bei denen lediglich die Schädigung persönlicher Gegner verfolgt wird. Kurzum, eine Regelung des wirtschaftlichen Lebens, welche ihre Sanktion in den altruistischen Gefühlen der wirtschaftenden Individuen findet, übertrifft in jeder Beziehung bei weitem eine zwangsweise Regelung durch das Gesetz. Allein — da wir Menschen nach dem Worte des großen Weisen, auf dessen Autorität ich schon einmal Bezug genommen habe, aus krummem Holze gemacht sind, so können wir des Gesetzes nicht ganz entraten. Meiner Überzeugung nach auch nicht gegenüber der neuesten Erscheinung der wirtschaftlichen Assoziationen, der Kartelle und Trusts.

Sie sagen in Ihrem Aufsatz: „Die Kartelle u. s. w. sind bekanntlich nur Verkaufsvereinigungen schon bestehender Werke, an deren Organisation hinsichtlich der Geschäftsführung und Angestellten durch die Kartellierung nichts geändert wird." Diese Behauptung steht mit den Tatsachen im Widerspruch. Es gibt allerdings Kartelle, welche lediglich die Bestimmung haben, den direkten Verkehr zwischen den Produzenten und den Konsumenten aufzuheben, sich als Zwischenglied zwischen beide einzuschieben. Ob diese Gestaltung des Kartells die häufigste ist, vermag ich mit Hülfe der mir zu Gebote stehenden Auskunftsmittel nicht festzustellen. Aber erstens trifft es schon bezüglich der Verkaufsvereinigungen nicht zu, daß dieselben, wie Sie sagen, an der Organisation der bestehenden Werke hinsichtlich der Geschäftsführung nichts ändern. In Wahrheit tritt eine solche Änderung überall da ein, wo die Kartellmitglieder zum Zwecke des gemeinsamen Verkaufes eine Erwerbsgesellschaft bilden; denn dadurch werden die einzelnen kartellierten Werke der Handelstätigkeit beraubt und müssen sich auf die Produktionstätigkeit beschränken. Als Beispiele einer solchen Bildung führt Dr. Josef Grunzel in seinem Buch „Über Kartelle" — und ich erlaube mir zu bemerken, daß der Genannte nicht ein Gegner der industriellen Kartelle ist — die folgenden in Deutschland auf: das Roheisensyndikat in Köln, den Kohlensäure-Verkaufsverein, die Deutsche Ammoniakvereinigung, die westdeutsche Benzol-Verkaufsvereinigung, die Zentrale für Spiritusverwertung, die Müller-Einkaufs- und Verkaufsvereinigung in Düsseldorf, das rheinisch-westfälische Ziegeleisyndikat u. s. w. Auch in Frankreich gibt es derartige Institutionen, z. B. das Comptoir de Longwy, das französische Eisenkartell. Noch empfindlicher wird die Organisation der einzelnen kartellierten Werke dann berührt, wenn der Verkaufsstelle die weitere Befugnis übertragen wird, alle einlaufenden Aufträge entgegenzunehmen und sie entsprechend den von vornherein festgesetzten Beteiligungsquoten an die Kartellmitglieder weiterzugeben, wenn also mit der Kartellorganisation eine Auftragskontingentierung verbunden ist, wie das z. B. bei dem deutschen Walzwerksverbande der Fall ist. Nach den Statuten desselben ist ein jedes Werk, welches seinen prozentualen Anteil überschritten hat, gebunden, am Jahresschluß für die Tonne Mehrversandt eine Entschädigung zu zahlen. Zweitens ist es nicht richtig, daß die Kartellbildung in der Form der Verkaufsvereinigungen erschöpft ist. Schon aus dem eben Angeführten ist ersichtlich, daß mit einer

Kartellierung zum Verkauf eine solche zur Kontingentierung verknüpft sein kann und tatsächlich auch bisweilen verknüpft ist. Neben dieser Art gestalteten Kartellen gibt es andere, bei welchen lediglich eine Kontingentierung der Produktion und Überwachung derselben durch ein Kontrolbureau stattfindet. Grunzel in seinem genannten Buche und Pohle in seinen Studien „Die Kartelle" weisen solche Vereinigungen für Österreich und Ungarn nach. Ich nehme weiter auf die sogenannte Gewinnkartellierung Bezug, welche zu dem Zweck stattfindet, den Geschäftsgewinn unter den kartellierten Betrieben nach bestimmten statutarisch festgelegten Grundsätzen zu verrechnen und aufzuteilen. Eine derartige Vereinbarung wurde in den 80er Jahren in der deutschen Pulverfabrikation abgeschlossen. Ferner zielen die Konditionenkartelle auf eine Regelung der Verkaufsbedingungen in einem bestimmten Industriezweige ab, wie z. B. die 1900 begründete, inzwischen allerdings wieder aufgelöste Vereinigung der Buckskin-, Kammgarn- und Cheviotfabrikanten in M. Gladbach und die Vereinigung süddeutscher Handelsmühlen in Mannheim. Vielleicht sprechen Sie diesen Bildungen die Qualität von Kartellen ab; zweifellos unter den Begriff der Kartelle fallen aber die Preisvereinbarungen, durch welche sich Produzenten oder Händler verpflichten, an einem gemeinsamen Minimalpreise festzuhalten, sei es für sämtliche sei es wenigstens für die Inlandsverkäufe. Als ein Beispiel nenne ich Ihnen das 1898 begründete Syndikat der deutschen Tapetenfabrikanten. Auch die erste Konvention der deutschen Salinen im Jahre 1868 bezog sich lediglich auf eine Preisbestimmung. Echte Kartelle sind ferner die Rayonierungskartelle, durch welche eine Aufteilung des Absatzgebietes unter die Konkurrenten vorgenommen wird, sie sind anzutreffen in der Portlandzement- und in der künstlichen Dünger-Industrie, in der Ziegelei, bei den Salinen u. a. m., sowie die Bezugskartelle, deren Mitglieder sich verpflichten, ihren Bedarf an Rohmaterial ausschließlich von einer gemeinsamen Einkaufsstelle zu entnehmen, wie das die rheinisch-westfälischen Eisengießereien getan haben. Schließlich dürfen hier auch diejenigen Kartellierungen genannt werden, welche in das Verhältnis des Arbeitgebers zum Arbeitnehmer eingreifen. Von dieser Art sind zunächst die Verbände, welche sich neben anderem auch die Aufgabe gestellt haben, Strikes abzuwehren. Nach den Statuten des Verbandes der Metall-Industriellen in der Kreishauptmannschaft Dresden sind alle Mitglieder verpflichtet, die von einem Strike betroffenen Unternehmungen durch Aushilfslieferungen zu Vorzugspreisen möglichst zu unterstützen. Die dem Verbande der Metall-Industriellen Magdeburgs angehörigen Betriebe müssen auf Beschluß des Ausschusses die Ausführung der einer notleidenden Fabrik erteilten Aufträge übernehmen. Von der Vereinigung der Berliner Metallwarenfabrikanten ist vorgesehen, daß den von einem Strike betroffenen Unternehmern von seinen Kollegen Arbeitskräfte gestellt werden. Der Gesamtverband deutscher Metall-Industrieller, welcher im vorigen Jahre 2449 Unternehmungen mit 284630 Arbeitern umfaßte, geht u. a. darauf aus, die Arbeitszeit in allen ihm angehörigen Betrieben festzulegen. Endlich existieren industrielle Verbände, welche Arbeitsnachweisstellen eingerichtet haben, einmal um ihren Angehörigen die nötigen Arbeitskräfte zu beschaffen — was bei Strikes offenbar von großer Bedeutung für deren Ausgang ist —, und sodann, um eine laufende Kontrolle über die Arbeiter auszuüben; in einem von Grunzel zitierten Statut wird als Zweck genannt, „die agitatorischen, liederlichen und unehrlichen Elemente von den Verbandswerkstätten möglichst fernzuhalten". Die Benutzung der Nachweisstellen ist meistens obligatorisch. Die Kartellmitglieder sind verpflichtet, denselben Mitteilungen über die Arbeiter in vertraulichem Wege zu übermitteln.

Das Gesagte wird genügen, um außer Zweifel zu stellen, daß das Kartellwesen in Deutschland nicht nur einer Organisation des Absatzes der in den kartellierten Industrieen erzeugten Waren dient, sondern auch darüber hinausliegende Zwecke verfolgt, und diese Tatsache darf nicht außer Acht gelassen werden, wenn es gilt, ein Urteil über die Bedeutung der Kartelle für das wirtschaftliche Leben zu gewinnen und eine Antwort auf die Frage zu finden, welche Stellung die staatliche Gewalt ihnen gegenüber einzunehmen habe. —

Sie heben im Eingange Ihres Artikels hervor, „das ganze Kartellwesen sei noch zu jung, um es jetzt schon abschließend zu kritisieren, zumal bei den außergewöhnlichen Geschäftskonjunkturen der letzten Jahre keine normalen Verhältnisse bestanden". Nach der apodiktischen Sicherheit zu urteilen, mit der Sie im weiteren die Wirksamkeit der Kartelle besprechen, gewinnt es nun zwar den Anschein, als ob dieses Eingeständnis alsbald bei Ihnen in Vergessenheit geraten sei; Sie sind indes durch Ihre Methode fest an dasselbe gebunden und haben auch die aus ihm sich ergebenden Konsequenzen hinzunehmen. Hat man für die Bildung seines Urteils über das Kartellwesen keinen weiteren Anhalt als die eigenen „Geschäfts- und Lebenserfahrungen", so ist man jedenfalls zur Zeit nicht in der Möglichkeit, dasselbe „abschließend zu kritisieren". Der Theoretiker ist in dieser Beziehung in einer glücklicheren Lage, weil er, wie ich oben zu zeigen versucht habe, Dank der größeren Vollkommenheit der ihm zu Gebote stehenden Mittel, um das Wesen einer wirtschaftlichen Erscheinung und der sich an dieselbe anschließenden Folgen zu begreifen, eine Formel für eine Vorausberechnung der Zukunft aufzustellen vermag. Der modus procedendi des Theoretikers in der Frage des Kartellwesens besteht nun zunächst aus einer Deduktion; er ist aber nicht auf diese allein angewiesen, sondern er hat auch geschichtliche Erfahrungen zu seiner Verfügung, an denen er die Ergebnisse seiner Deduktion auf ihre Richtigkeit zu prüfen in der Lage ist. Ich erlaube mir den Gedankengang des Theoretikers kurz zu skizzieren.

Die zu einem industriellen Kartell sich verbindenden Individuen werden zu dieser Verbindung durch ihren Eigennutz bestimmt; ihre Absicht ist darauf gerichtet, ihre wirtschaftliche Lage besser zu gestalten, als es ihnen bei einer völligen Trennung ihrer Betriebe möglich war. In welchem Umfange eine Kartellierung beginnt, hängt von den Verhältnissen ab; der Versuch einer Verbesserung der wirtschaftlichen Lage der Kartellgenossen kann sich zunächst auf ein Zusammenwirken für einen oder einige engbegrenzte Zwecke beschränken, also z. B. auf das gemeinsame Festhalten an einem Minimalpreise für die in den kartellierten Betrieben hergestellte Ware, oder auf ein gemeinsames Absetzen dieser Ware an die Konsumenten, oder auf eine Kontingentierung der Produktion behufs Aufrechterhaltung des Gleichgewichtes zwischen Angebot und Nachfrage u. a. m.; es ist aber auch möglich, daß die Verhältnisse ein sofortiges Vorgehen in größerem Stile, also ein gemeinsames Verfolgen mehrerer Zwecke gestatten. Gleichviel nun wie sich ein Kartell bei seinem ersten Entstehen gestalte, vorausgesetzt, daß der Eigennutz als einzige Triebfeder ihr Handeln bestimmt, müssen die Kartellgenossen ihr Streben darauf richten daß das kombinierte Wirtschaften ihrer Betriebe immer weiter auf alle diejenigen Gebiete ausgedehnt werde, auf denen dasselbe einen Vorteil abzuwerfen verspricht. Beschränkten sie sich zunächst auf Institutionen, welche einer Verbesserung der Verkaufsbedingungen dienen, so werden sie doch tunlichst bald darauf Bedacht nehmen, auch solche gemeinsame Einrichtungen zu treffen, welche eine Verminderung der Produktionskosten, insbesondere die den Unternehmergewinn in erster Reihe bedingenden Ausgaben für die Beschaffung des Rohmaterials bezw. der Halbfabrikate und der Arbeitskräfte, möglich machen. Das Interesse der Kartellgenossen weist dieselben daher darauf hin, behufs Zentralisierung der Nachfrage nach Material und Arbeit gemeinsame Einkaufsstellen und gemeinsame Arbeitsnachweisstellen einzurichten. Der sicherste Weg zur Erreichung aller dieser Ziele ist die Fusionierung der Betriebe: der Trust ist dem Kartell überlegen durch seine festere Fügung und einheitlichere Leitung. Für die Richtigkeit dieser Deduktion sprechen die Tatsachen. Allerdings ist das Institut der Kartelle noch ein junges, aber heute schon ist erkennbar, wie dasselbe sich keineswegs auf den Zweck einer Verbesserung der Preise für eine bestimmte Ware beschränkt, sondern darüber hinausgreift, insbesondere auch die Produktionsbedingungen in einer für sie vorteilhaften Weise zu regeln sucht. Durch die in Amerika gemachten Erfahrungen wird die Prognose verifiziert, daß der in der Industrie vorhandene Assoziationstrieb die Tendenz hat, sich in der möglichst vollkommenen Form, in dem Trust, zu verkörpern. Und noch ein weiterer induktiver Beweis steht der obigen Deduktion zur Seite. Ein französischer Nationalökonom hat mit Bezug auf die Kartelle von einem Wiederaufleben der Zünfte gesprochen. Ich halte den Vergleich für hinkend; aber es läßt sich nicht in Abrede stellen, daß sich aus der Geschichte des Zunftwesens Lehren entnehmen lassen, welche für die Beurteilung mancher das Kartellwesen betreffenden Fragen verwertbar sind, und dazu rechne ich die Frage, welche uns hier beschäftigt. Jene Geschichte zeigt u. a., in welch' ausgedehntem Maße der Eigennutz der wirtschaftenden Menschen eine Assoziation, selbst wenn dieselbe anfänglich einem bescheidenen Zwecke diente, sich zu nutze zu machen versteht, wie immer von neuem Mittel ausfindig gemacht werden, um das gemeinsame Handeln zu erweitern und dadurch den Unternehmergewinn zu steigern. Es ist bekannt, daß die Zünfte klein begonnen haben; sie verfolgten ursprünglich allein den Zweck dem Handwerk denjenigen Schutz zu verleihen, welchen die Staatsgewalt zu gewähren außer stande war. Im Laufe der Jahrhunderte hat sich aber aus dieser Schutzgesellschaft eine Organisation entwickelt, welche vielfach dazu diente, ein großes wirtschaftliches Gebiet den Zunftmeistern zur Nutzung in ihrem Sonderinteresse auszuliefern.

Worin liegt nun das Übergewicht, welches durch ein gemeinschaftliches Wirtschaften gewonnen wird, und in welcher Weise wird dasselbe ausgenützt? Die Antwort darauf kann nur dahin lauten: L'union fait la force. Die zu einem Kartell verbundenen Produzenten haben bessere Aussicht für die Erreichung ihres Ziels, größere Gewinne als bisher zu machen, weil sie dank ihrem gemeinsamen Wollen und Handeln die Macht besitzen, den Widerspruch des vereinzelten Dritten, der, gleichfalls durch Eigennutz beherrscht, ihnen das Plus streitig macht und dasselbe in die eigene Tasche zu stecken sucht, aus dem Wege zu räumen. Jedes Kartell wird bestrebt sein, seine Macht immer mehr auszudehnen und zu befestigen, um die Mitbewerber in dem Konkurrenzkampfe verdrängen, bezw. sich untertänig machen zu können. Die größtmögliche Besserung der Lage der Kartellmitglieder ist erst erreicht, wenn dieselben die Bedingungen, unter denen sie ihre Ware produzieren, sowie die Bedingungen, unter denen sie dieselbe absetzen, nach ihrem Belieben regeln, wenn sie also einerseits den Preis des Rohstoffes und der Arbeit, anderseits den ihrer Ware zu diktieren im stande sind, und daher haben die Kartelle notwendig die Tendenz, eine Monopolstellung zu gewinnen.

Sucht man von dem Eigennutz als Triebfeder der wirtschaftenden Menschen ausgehend vermittels einer Deduktion zu einer Bewertung der Kartelle zu gelangen, so wird man, wie sich aus dem Gesagten ergibt, zu dem Schlusse genötigt, daß dieselben in verschiedenen Richtungen schädigend auf die Gestaltung des wirtschaftlichen Lebens einwirken, insbesondere auch die Bildung der Preise für die Rohstoffe, für die Arbeit und für die fertige Ware in einer dem Interesse des Rohstoffbesitzers, des Arbeitnehmers und des Konsumenten widersprechenden Weise beeinflussen. Die beiden ersteren werden zwiefach bedroht; sie stehen vor der Gefahr, einerseits für die eigene Ware einen geringen Preis zu erzielen, andrerseits für die fremde Ware, deren sie als Konsumenten benötigen, einen hohen Preis anlegen zu müssen. Auf andere Mißbräuche werde ich an einer späteren Stelle hinweisen. Indes es liegt auf der Hand, daß die obige Deduktion nach zwei Richtungen hin eine unvollkommene ist: sie läßt alle diejenigen Triebfedern in der menschlichen Natur außer Ansatz, welche neben bezw. im Gegensatze zu dem Eigennutz bei der Motivation des Willens der Kartellgenossen mitwirken, und sie vergißt ferner alle die den Genossen gegenüberstehenden Wirtschaftssubjekte, welche ihrerseits ebenso eigennützig gesinnt sind und daher auch in ihren Beziehungen zu Kartellen Vorteile für sich zu erlangen oder wenigstens doch Nachteile von sich abzuwehren bemüht sind, als Machtfaktoren in ihre Rechnung einzustellen. Die Deduktion ist in einer Weise, welche jeden Widerspruch von vornherein ausschließt, dafür beweiskräftig, daß die Kartellierung industrieller Betriebe eine Handhabe zur Schädigung Dritter bietet, aber sie darf nicht als konkludent nach der Richtung hin eingeschätzt werden, daß eine jede solche Kartellierung zum Schaden Dritter ausschlagen muß. Ob und inwieweit die Handhabe benutzt wird, und also ein wirklicher Nachteil für Dritte eintritt, hängt von den beiden eben angedeuteten Faktoren ab, von dem Wollen und dem Können der Kartellgenossen; m. a. W. eine Gefährdung des wirtschaftlichen Lebens durch industrielle Kartelle hat zur Voraussetzung, daß die Kartellgenossen lediglich den Eingebungen ihres Eigennutzes Folge leisten, und daß sie die Macht besitzen, diejenigen Mittel und Wege auszunutzen, welche die Kartellierung dem Eigennutz zu seiner Verfügung stellt. Für die Einschätzung der beiden Faktoren läßt sich eine allgemeine Formel nicht aufstellen. Es müssen in jedem einzelnen Falle durch Beobachtungen beweiskräftiger Tatsachen die moralische Höhelage, auf dem sich die Wirtschaftsgesellschaft jeweilig befindet, sowie das Stärkeverhältnis, in welchem die einzelnen Wirtschaftsgruppen zueinander stehen, festgestellt werden. Es ist daher verkehrt, von einer „allgemeinen Tendenz" zu sprechen.

Ich könnte mich bei den vorstehenden Ausführungen bescheiden. In meinem Artikel habe ich lediglich von der Möglichkeit gesprochen, daß die Kartell- und Trustbildungen zu Mißbräuchen führten; mein Beweisthema ist also durch das Gesagte gedeckt. Es scheint mir jedoch angezeigt, betreffs meiner Stellung zu den industriellen Kartellen hier das weitere Geständnis abzulegen, daß man meines Dafürhaltens mit Rücksicht auf neuere Vorgänge heute die Gefahr als nahe liegend ansehen muß, und daß ich daher die staatliche Gewalt sowohl für berechtigt, als auch für verpflichtet halte, alsbald die von mir befürwortete Maßregel zu deren Abwehr zu ergreifen. Vor der Hand ist nichts weiteres erforderlich als ein staatlicher Eingriff zu Gunsten der arbeitenden Klassen. Die Macht der Kartelle ist bei uns noch immer eine begrenzte, und die sonst noch bedrohten wirtschaftlichen Kreise sind wohl in der Lage, sich auf dem Wege der Selbsthülfe, insbesondere durch Bildung von Gegenkartellen, Deckung für ihre Interessen zu beschaffen. Die Produzenten der Rohmaterialien haben denn auch bekanntlich ihrerseits so starke Kartelle gegründet, daß nicht sowohl ein Schutz für sie als ein Schutz gegen sie in Frage kommen muß.

Die Genossen eines industriellen Kartells werden, wie ich gezeigt habe, insofern sie lediglich eigennützig zu handeln gewillt sind, ihre Produktion durch Herabdrückung der Arbeitslöhne zu verbilligen suchen. Es folgt schon aus dem oben Gesagten, daß die Kartellierung eine Handhabe bietet, um die Arbeitslöhne zu drücken. Zur weiteren Klarstellung dieses letzteren Punktes erlaube ich mir Ihre Aufmerksamkeit noch für die folgenden Erwägungen in Anspruch zu nehmen:

Wie immer man auch über das Gesetz denken mag, nach welchem sich die Bildung des Lohnes vollziehen soll, außer allem Zweifel ist es, daß bei derselben das Verhältnis, in dem das Angebot der Arbeit zu der Nachfrage nach derselben steht, eine einflußreiche Rolle spielt. Das bekannte Wort Sir Richard Cobdens, die Höhe des Lohnes hänge davon ab, ob der Arbeitgeber dem Arbeitnehmer oder umgekehrt letzterer ersterem nachlaufe, enthält eine unbestreitbare Wahrheit. Nun könnte man mit einigem Scheine die Behauptung aufstellen, die Kartellierung mehrerer industrieller Betriebe vermöge jenes Verhältnis in keiner Weise zu alterieren, da das Quantum Arbeit, dessen das Kartell benötige, genau der Summe der Quanta Arbeit entspreche, deren vor der Kartellierung die einzelnen Betriebe, ein jeder für sich, benötigten, und daraus könnte man den Schluß herleiten, daß eine derartige Assoziation für den Arbeiter völlig belanglos sei, daß durch dieselbe seine Stellung gegenüber dem Arbeitgeber weder verschlechtert noch verbessert werde. Indes eine solche Argumentation hat eben nur den Schein für sich; sie hält eine Belastungsprobe nicht aus. Schon in ihrer Voraussetzung ist sie anfechtbar. Eine Kartellierung kann sehr wohl den Zweck verfolgen — ein Fall, der in Wirklichkeit nicht selten eintritt — die Produktion einzuschränken oder ihrer Ausdehnung in Zukunft vorzubeugen, und alsdann nimmt auch die Nachfrage nach Arbeit ab. Sodann aber ist für die Gestaltung des Preises der Arbeit nicht nur das Quantum der Nachfrage entscheidend, sondern auch die Qualität der letzteren; deutlicher ausgedrückt, die Größe der Zahl der Nachfragenden übt auf den Lohn einen Einfluß aus. Erscheinen viele Arbeitgeber auf dem Markte, so ist eine Verständigung unter ihnen zum Nachteile der

Arbeitnehmer ausgeschlossen oder doch wenigstens sehr erschwert; es tritt notwendig eine Konkurrenz unter ihnen ein, und dieselbe kann nur zum Vorteil derjenigen ausschlagen, welche Arbeit anbieten; die Arbeitsbedingungen müssen sich verbessern. Ist umgekehrt die Zahl der Arbeitgeber eine kleine, so ist die Möglichkeit gegeben, daß sie ein Übereinkommen treffen, ihre Anerbietungen betreffs des Lohnes und der sonstigen Bedingungen innerhalb enger Grenzen zu halten; besten Falles ist die Konkurrenz unter ihnen weniger lebhaft. Industrielle Kartellierungen bieten nun die Handhabe für eine Reduktion der Zahl derjenigen, welche als Nachfragende den Arbeitsmarkt aufsuchen; sie ermöglichen es, die Nachfrage zu konzentrieren. Gelingt es einem Kartell, einen Industriezweig zu monopolisieren, so entsteht die Gefahr einer völligen Ausschaltung jeder Konkurrenz auf Seiten der Nachfrage. Auch die Richtigkeit dieser Ausführungen wird durch Tatsachen erhärtet. Ich komme später darauf zurück, will aber gleich hier auf einen amtlichen amerikanischen Bericht über den großen Eisenbahnstrike in Chicago in den 90er Jahren Bezug nehmen, in dem es heißt: „Die Kartellierung hat diese Theorie — nämlich daß Konkurrenz unter den Eisenbahnen stattfinden werde — auf den Kopf gestellt und das natürliche Walten des Gesetzes von Angebot und Nachfrage ernstlich gestört. Während die Konkurrenz der Eisenbahngesellschaften vom Arbeitsmarkte allmählich verschwindet, macht sie sich bei den Arbeitsuchenden mit wachsender Strenge geltend. Da giebt es z. B. unter den 24 Eisenbahnen in Chicago keine Konkurrenz mehr bei Anwerbung von Weichenstellern. Sie sind nicht mehr 24 miteinander konkurrierende Arbeitgeber, sondern in der Tat nur ein einziger."

Und auch noch auf eine andere Gefährdung des Arbeiters durch industrielle Kartellierungen ist an dieser Stelle hinzuweisen. Der von einem Kartell entlassene Arbeiter hat keine Hoffnung eine gleiche Beschäftigung zu finden, wenn dasselbe eine Monopolstellung einnimmt; im anderen Falle sind seine Chancen immer noch geringer, als sie ohne eine Kartellierung sein würden.

Ich habe in meinem Artikel die Gewährung voller Koalitionsfreiheit an die Arbeiter befürwortet. Ob diese Kautel auf die Dauer genügen werde, läßt sich heute noch nicht bestimmen. Es ist, wi ich bereits hervorgehoben habe, ausgeschlossen, daß für die Ewigkeit oder auch nur für längere Zeiträume das Maß der der staatlichen Gewalt auf wirtschaftlichem Gebiete einzuräumenden Befugnisse festgelegt werde. Schon jetzt aber darf man sagen, daß die Rechte, welche der § 152 der Gewerbeordnung den Arbeitern einräumt, nicht ausreichen, um die Bildung von Assoziationen zu ermöglichen, welche den Kartellen der Arbeitgeber oder gar den Trusts das Gleichgewicht zu halten vermöchten. Dem deutschen Arbeiter muß dieselbe Bewegungsfreiheit zugestanden werden, deren sich die Arbeiter anderer, auf einer gleichen Kulturstufe stehenden Nationen schon seit Jahrzehnten erfreuen.

Wollen Sie nun etwa, geehrter Herr, behaupten, das heutige moralische Niveau des deutschen Arbeitgebers biete eine so sichere Bürgschaft gegen eine jede Schädigung der Interessen der arbeitenden Klassen durch die Kartelle, daß kein Anlaß für eine staatliche Intervention irgend welcher Art vorhanden sei? Ich bestreite das und stelle Ihnen die Behauptung entgegen, daß wie auf der einen Seite das zeitige Unvermögen der Arbeitnehmer sich selbst zu schützen, so auf der anderen die starke Entwickelung des Eigennutzes in unseren Arbeitgebern eine Nötigung für den Staat zu einem alsbaldigen Vorgehen enthält.

Um jedem Mißverständnis vorzubeugen muß ich hier besonders betonen: Ich spreche nicht von der Gesamtheit der Arbeitgeber oder Kartelle; verschiedene unter ersteren haben in jüngster Zeit durch Anträge im Reichstage ihrem Altruismus einen dankenswerten Ausdruck gegeben; nicht einmal die Majorität der Arbeitgeber oder Kartelle habe ich im Auge. Es kommt hier weder auf die eine noch auf die andere an. Für die Motivierung eines Gesetzes gegen den betrügerischen Bankrott kann nicht die Feststellung erfordert werden, daß alle oder wenigstens die Hälfte aller Kaufleute zum Betruge hinneigen, und das Gleiche gilt hier. Die Begründung der in Rede stehenden Forderung nach einem Staatseingriff ist lediglich durch den Beweis bedingt, daß sich in den Kreisen der Arbeitgeber heutzutage eine so erhebliche Zahl von Individuen vorfindet, welche gewillt sind ihre Sonderinteressen ohne jede Rücksicht auf die Interessen der von ihnen wirtschaftlich abhängigen Personen zu verfolgen, daß dadurch ein erheblicher Prozentsatz der arbeitenden Bevölkerung vor die Gefahr einer Ausnutzung gestellt wird, und dieser Beweis läßt sich erbringen.

In dem ersten Hefte der Volkswirtschaftlichen Abhandlungen der Badischen Hochschulen stellt Liefmann die Behauptung auf, es gebe verschiedene Unternehmer-Verbände, deren Mitglieder gebunden seien, den Forderungen der Arbeiter auf Lohnerhöhung oder Verkürzung der Arbeitszeit gemeinsam entgegenzutreten. Eine solche Vereinbarung kann die Verpflichteten geradezu zu einer ungerechten Behandlung der Arbeiter nötigen, nämlich dann, wenn an dem Arbeitsmarkt eine aufsteigende Bewegung der Löhne eintritt, und nur ein starker Mangel an altruistischen Gefühlen vermag den Beitritt zu einem solchen Verbande zu erklären. Wenngleich nun nicht der geringste Grund vorliegt, die Richtigkeit der Liefmann'schen Behauptung anzuzweifeln, so scheint mir dieselbe doch nicht geeignet, hier als Grundlage für Schlüsse von genereller Bedeutung verwendet zu werden. Wohl aber bietet eine solche Grundlage das Verhalten einer Zahl von Arbeitgebern gegenüber der neuerdings in den Vordergrund des öffentlichen Interesses getretenen Frage betreffend die Abkürzung der Arbeitszeit für Frauen — einer Zahl, welche ich allerdings nicht genau anzugeben im Stande bin, die aber ohne Zweifel auch nach Ihrer Schätzung eine solche ist, mit der man rechnen muß.

Die erwähnte Frage ist in den Kreisen der Arbeitgeber vielfach zur Beratung gelangt, und das Ergebnis ist im allgemeinen, wie ich — zum größten Teil durch Zeitungsnachrichten — erfahren habe, folgendes: Eine recht erhebliche Zahl von Arbeitgebern lehnt den Zehnstundentag für Frauen ab, und begründet diese Ablehnung mit der Behauptung, einmal sei eine solche Einschränkung unvereinbar mit einem Fabrikationsbetriebe, wie er im Interesse der Industrie geboten sei und sodann würde sie ein bedenkliches Sinken der Löhne zur notwendigen Folge haben. Sind die Praktiker nun durch ihre „Geschäfts- und Lebenserfahrungen" zu diesem

Schlusse genötigt worden? Meines Dafürhaltens ist eine solche Annahme ausgeschlossen. Denn es gibt kaum einen Industriezweig, in welchem nicht — und zwar innerhalb des Deutschen Reiches — Betriebe anzutreffen wären, welche sich schon heute mit einer zehnstündigen, ja sogar bisweilen mit einer noch kürzeren Arbeitszeit für Frauen Genüge sein lassen. Durch die Untersuchungen der Gesellschaft für soziale Reform ist festgestellt worden, daß mindestens in der Hälfte unserer industriellen Werke und für die Mehrzahl der Arbeiterinnen die Verkürzung der Arbeitszeit bis zu 10 Stunden und darüber hinaus fortgeschritten ist, vielfach aus freier Entschließung, meistens unter einem von den Arbeitern ausgeübten Drucke. In England ist die Arbeitszeit für Frauen in der Textilindustrie auf wöchentlich $56^1/_2$, in anderen Fabriken und Werkstätten auf 60 Stunden (täglich $10^1/_2$, dafür aber Samstags nur $7^1/_2$ Stunden) normiert. In den Vereinigten Staaten bestehen für die Beschäftigung von Arbeiterinnen in 27 Staaten Beschränkungen; in 11 waren schon im Jahre 1898 nur 58 Stunden in der Woche zugelassen. Der Staat Illinois hatte die Arbeitszeit für die in der Bekleidungsindustrie beschäftigten Frauen sogar bis auf 8 Stunden täglich reduziert; das betreffende Gesetz ist aber von dem höchsten Gerichtshof für verfassungswidrig erklärt worden. In Frankreich gilt auf Grund des Schutzgesetzes vom 30. März 1900 zur Zeit ein $10^1/_2$ stündiger Arbeitstag für die Frauen; vom Jahre 1904 ab wird die Arbeitszeit 10 Stunden nicht überschreiten dürfen.

Nun ist die Frage des Einflusses einer Kürzung der Arbeitszeit auf den Lohn allerdings von großer Bedeutung, und zwar, wie ich anerkenne, bei uns in einem noch höheren Grade als in England und in Amerika. Nach Berechnungen, welche das bekannte Mitglied des Arbeitsamtes in Washington Gould angestellt hat, ist das Verhältnis, in dem der Mann zu den Unterhaltungskosten der Familie beiträgt, in England und Amerika ein günstigeres als in Deutschland, d. h. der Anteil der Frau ist bei uns ein größerer. Allein einmal darf nicht außer Acht gelassen werden, daß, wenn wirklich die in Rede stehende Neuerung einen Lohnausfall für die

Frauen herbeiführen sollte, derselbe doch in dem Budget vieler Arbeiterfamilien, wenigstens zum Teil, durch eine Entlastung desselben von gewissen Ausgaben balanciert werden würde. Die Frau wird die freie Zeit, welche sie gewinnt, in der Regel nicht zum Müßiggang verwenden, sondern sie wird sich häuslichen Arbeiten widmen, vor allem suchen, den Bedarf der Familie an Näherei, Strickerei, Stopferei usw. selbst zu decken, so daß sie von der Inanspruchnahme fremder Hülfe Abstand nehmen kann. Ist denn aber — und diese Frage steht an erster Stelle — in den „Geschäfts- und Lebenserfahrungen" des Praktikers das erforderliche Beweismaterial für den Satz geboten, daß der Lohn der Arbeiterinnen bei einer Reduktion der Arbeitszeit einen Rückgang erfahren müsse? Ich bin gegen derartige Orakelsprüche à la Cassandra einigermaßen abgehärtet. Bei allen zum Zwecke der Fortbildung der sozialen Gesetzgebung angestellten Enqueten, denen ich beigewohnt habe, habe ich die Erfahrung gemacht, daß die Arbeitgeber, einstimmig oder in der Mehrheit, die zur Beratung gestellte Neuerung mit der Prognose bekämpften, die Arbeiter würden die Zeche zu bezahlen haben. Die Tatsachen haben sie ausnahmslos Lügen gestraft. Weisen doch heute die Arbeitgeber selbst bei jeder Gelegenheit auf das Steigen der Löhne hin. In der Wirtschaftsgeschichte andrer Länder wiederholt sich dieselbe Erscheinung. Als das bekannte englische Gesetz vom 8. Juni 1847 für die in der Textilindustrie beschäftigten Frauen und Kinder den Zehnstundentag einführte, wurde von seiten der Arbeitgeber im Parlament der Ruin der Arbeitnehmer vorausgesagt. Indes schon im April 1850 durfte der Fabrikinspektor für Lancashire berichten, „der große Versuch, welcher vielen Geistern so gefährlich erschienen sei, und dem er selbst mehr als jeder Andere wegen des schroffen Überganges von 12 auf 10 Arbeitsstunden mit Besorgnis entgegengesehen habe, gestalte sich zu einem Erfolge, wie seine Anhänger ihn nicht erhofft hätten". Auf Grund einer sehr eingehenden Untersuchung, welche Sie in dem Journal of the Royal Statistical Society (Juni 1902) abgedruckt finden, hat George H. Wood festgestellt: „During the era of Factory Legislation, i. e.

since the ‚Ten Hours' Act and its extension, in a more or less modified form, to other industries than textiles, womens wages have risen by about 66 per cent, while the average increase for the United Kingdom is about 45 per cent . . . The chief point to be noticed is that factory legislation has not lowered wages, but has been accompanied by a decided and progressive increase." Interessante Daten für die Beurteilung der hier in Rede stehenden Frage enthält auch die englische Labour Gazette, welche alle in der Industrie vorgekommenen „decreases in hours of labour" verzeichnet, und zwar stets mit einem Zusatz betreffend die Folgen derselben für die Löhne. Ich habe jahrelang diese Notizen verfolgt und zusammengestellt. Dabei ergab sich, daß die Bemerkung in der Februarnummer der Gazette von 1895: „In most cases the reductions did not involve loss of pay" fast immer zutraf. Selbst bei Abkürzungen der Arbeitszeit um $11^1/_2$ Stunden wöchentlich wird ein Lohnausfall nur als Ausnahme erwähnt. Aus England ist mir übrigens auch ein Fall bekannt, — ich will aus demselben keine generellen Schlüsse ziehen, halte ihn aber doch für erwähnenswert — in dem Arbeiter selbst gegen eine zu weit gehende Verkürzung der Arbeitszeit Einspruch erhoben. Die Besitzer einer Töpferei in Swansea wollten den Achtstundentag einführen; nach einigen Versuchen baten die Arbeiter um Rückkehr zu den alten Arbeitszeiten. Durch Erhebungen, welche seitens des Arbeitsamtes in Connecticut betreffs der dortigen Industrie gemacht worden sind, wurde festgestellt, daß in der Mehrzahl der Fabriken die Einschränkung der Arbeitszeit ohne eine Kürzung des Lohnes hatte durchgeführt werden können, und daß, wo eine solche erfolgt war, sie keineswegs immer in einem mathematischen Verhältnis zu der Herabsetzung der Arbeitszeit gestanden hatte. Massachusetts hat im Jahre 1874 den Zehnstundentag für die Textilindustrie festgesetzt, und 1881 erklärte der Chef des Arbeitsamtes dieses Staates auf Grund der bei einer Enquete gewonnenen Ergebnisse, weder habe die Produktion abgenommen, noch seien die Löhne zurückgegangen; in Maine, Rhode-Island, New-York, New-Hampshire werde $65^1/_2$, in Massachusetts nur 60 Stunden gearbeitet, und trotzdem sei der Lohn hier um 65 cents höher. Daraufhin haben Maine, Rhode-Island, New-Hampshire und Vermont den Zehnstundentag angenommen. Der Professor der Rechte Raoul Jay, der im Auftrage der französischen Regierung die Folgen der Abkürzung der Arbeitszeit in der Schweiz studiert hat, berichtet darüber, daß der Lohn nicht gesunken sei, ebensowenig die Produktion, und daß die Arbeiter die gewonnene freie Zeit vernünftig anwendeten. Wie erwähnt, wird schon heute die Majorität der Frauen bei uns 10 Stunden und weniger beschäftigt; es ist bisher aber nicht bekannt geworden, daß diese Majorität um der kürzeren Dauer ihrer Beschäftigung willen geringere Löhne bezieht, als die Frauen, welche über 10 Stunden arbeiten. Also, während die Gegner der Reduktion der Arbeitszeit der Frauen auch nicht die Spur eines Beweises für ihre Behauptung haben beibringen können, daß dieselbe eine Lohnkürzung bedinge, können „die Kathedersozialisten" immerhin eine Reihe von Tatsachen vorführen, welche zu Gunsten des Gegenteils sprechen, und zwar um deswillen, weil sie sich deduktiv erklären lassen: es darf als erwiesen gelten, daß eine über zehn Stunden hinaus ausgedehnte Arbeit eine Vermehrung der Produktion nicht herbeizuführen vermag, wenigstens nicht soweit Frauenarbeit in Frage kommt, weil die physischen Kräfte einer Frau durch eine zehnstündige Arbeit erschöpft werden. Indes, selbst wenn die Frage weniger spruchreif wäre, so wäre es doch berechtigt, ja sogar geboten, auf die Gefahr eines Mißerfolges hin, einen Versuch mit dem Zehnstundentag für Frauen zu machen; denn es handelt sich um die Möglichkeit eines außerordentlich bedeutsamen Gewinnes für die Verbesserung unserer sozialen Verhältnisse.

Sollte es eines Beweises dafür bedürfen, daß die Arbeiterinnen in Deutschland zum Teil noch unter einer übermäßigen Arbeitszeit zu leiden haben, so ist derselbe durch die Krankheitsstatistiken der Krankenkassen und die Zeugnisse so hervorragender Gewerbeaufsichtsbeamten, wie es der verstorbene Dr. Wörishoffer war, erbracht worden. Die Folgen einer solchen körperlichen Schädigung sind vor etwa 10 Jahren auf einem in Pest abgehaltenen demographischen Kongreß eingehend erörtert worden. Die Menschheit ist in ihrer Qualität zurückgegangen, nicht nur in Deutschland, sondern auch in Italien, Österreich, Frankreich und in anderen Ländern; die Zahl der Militäruntauglichen vermehrt sich; das für den Militärdienst zu erfordernde Körpermaß hat immer weiter zurückgesetzt werden müssen. Nun liegt es auf der Hand, daß eine Deteriorirung der Rasse in erster Reihe auch die Industrie in Mitleidenschaft zieht; unter den Faktoren, welche die Chancen einer Nation in dem Wettkampfe auf dem Weltmarkte bedingen, ist die körperliche Beschaffenheit ihres Arbeiterstandes einer der bedeutsamsten. Schon die aus diesen Erwägungen sich ergebenden Gesichtspunkte hätten bei den Beratungen der Arbeitgeber über die Frage des Zehnstundentages für Frauen Berücksichtigung finden müssen. Noch viel mehr gilt das von dem weiteren Gesichtspunkte, daß der Frau die Möglichkeit gegeben werden muß, ihre Pflichten als Mutter und Ehegattin zu erfüllen, widrigenfalls die letzte Grundlage der Gesellschaft, die Familie, in ihrem Bestande gefährdet wird. Nächst der natürlichen Veranlagung ist es der Einfluß der Mutter, der dem Menschen seinen sittlichen und intellektuellen Stempel gibt; die Prädestination der Natur erfolgt nur, ich möchte sagen, in großen Zügen, und der Kunst der Erziehung ist daher ein breiter Raum zur Betätigung gelassen. In den Kreisen der Arbeiter fällt die Bedeutung der Mutter noch schwerer ins Gewicht, als in den Kreisen der Besitzenden. Die sittliche Anschauung des Kindes aus den Arbeiterkreisen bedarf in noch höherem Grade als die des Kindes des Reichen einer festen Fundamentierung durch die mütterliche Erziehung. Das arme Kind ist manchen Versuchungen ausgesetzt, welche das reiche nicht oder doch nicht in gleichem Maße kennt, sei es, weil seinen Wünschen öfter Befriedigung gewährt wird, sei es, weil es von den Gelegenheiten für eine Erregung seiner Begierden fern gehalten wird. Weiter ist das reiche Kind insofern in einer bevorzugten Lage, als der mütterlichen Erziehung im Notfalle die Erziehung einer anderen Persönlichkeit substituiert werden kann, und als auch in der Regel schon das Milieu, in welchem es lebt, seine moralische und intellektuelle Entwickelung günstig beeinflußt. Zweitens ist die Frau auch in ihrer Eigenschaft als Ehegattin bestimmend für die Gestaltung des Familienlebens. Sie haben im vorigen Jahre im preußischen Abgeordnetenhause die Frage des Alkoholmißbrauches unter den Arbeitern behandelt und dabei einige interessante Daten angeführt; allein Ihre Ausführungen sind nicht erschöpfend, und konnten es nicht sein, weil die Methode, nach der Sie sozialpolitische Probleme zu lösen suchen, Sie im Stich läßt. Unbeachtet ist u. a. die Erwägung geblieben, daß das Trinken der Männer möglicherweise auf die übermäßige Beschäftigung der Frauen zurückzuführen ist. Es ist verständlich, — ich sage nicht entschuldbar — daß der Mann das Wirtshaus aufsucht, wenn der häusliche Herd keine Anziehungskraft auf ihn ausübt, und für diese letztere Tatsache darf wiederum eine Erklärung darin gesucht werden, daß die Frau häufig zu lange in der Fabrik zurückgehalten wird, als daß sie für Sauberkeit und Ordnung im Hause, sowie für eine gesunde und schmackhafte Kost Sorge zu tragen vermag. Schon die Ehrfurcht vor dem weiblichen Geschlecht, zu welcher ein jeder Mann verbunden ist, erfordert es, daß man die Bedeutung der Frau als Mutter und Ehegattin nicht nur anerkennt, sondern auch stets sich gegenwärtig hält. Jedenfalls macht es die Rücksichtnahme, welche das gemeine Interesse für sich beanspruchen darf, zum Gebot, daß man diese Bedeutung nicht außer Acht läßt, wenn man berufen ist bei der Lösung von Problemen, wie es das der Abkürzung der Arbeitszeit für Frauen ist, mitzuwirken, sei es auch nur in der bescheidenen Rolle eines Begutachters. In allen den mir zu Gesicht gekommenen Äußerungen zu der Frage des Zehnstundentages für Frauen, welche aus Arbeitgeberkreisen herstammen, ist nicht eine, in welcher der eminenten sozialen Bedeutung derselben auch nur Erwähnung getan wird. Und dasselbe gilt von den Reden, mit welchen im Reichstage der von Heylsche Antrag bekämpft worden ist. Hat etwa eine Berücksichtigung hinter den Koulissen stattgefunden? Ich kann mir nicht vorstellen, daß man so unglaublich ungeschickt hätte sein können, das zu verschweigen und damit eine scharfe Verurteilung der Gutachter geradezu herauszufordern.

Meine Kritik richtet sich, wie aus dem Gesagten hervorgeht wie ich aber hier noch besonders hervorheben will, hauptsächlich gegen die Begründung der Ablehnung des Zehnstundentages, gegen die gänzliche Nichtbeachtung der hohen Aufgabe, welche der Frau in den arbeitenden Klassen zufällt. Ich habe für diese Erscheinung keine andere Erklärung als die, daß noch gar viele Arbeitgeber an einem übermäßig ausgebildeten Egoismus kranken, und rebus sic stantibus halte ich den Staat für gebunden, in dem Recht sich frei zu coalitionieren den Arbeitnehmern die Waffe zu geben, deren sie bedürfen, um sich der schädlichen Folgen dieses Egoismus zu erwehren.

Die kartellierten Arbeitgeber sind in einer bevorzugten Lage; die landesrechtlichen Beschränkungen des Vereinswesens sind für sie kein Hindernis bei der Verfolgung ihrer wirtschaftlichen Ziele. Wohl aber werden die Arbeitnehmer durch dieselben betroffen. Trotzdem sprechen Sie sich, geehrter Herr, gegen die Koalitionsfreiheit aus. Ihre diesbezüglichen Ausführungen dürften indes wenig geeignet sein, den Gegner zu widerlegen oder auch nur in unparteiischen Kreisen eine werbende Wirkung auszuüben. Daraus, daß die Wissenschaft frei sein muß, folgern Sie, daß auch der Industrie betreffs ihrer inneren Angelegenheiten Freiheit zu gewähren sei. Wie ich bereits hervorgehoben habe, hat dieser Syllogismus in keiner Weise zwingende Kraft. Ist man aber der Ansicht, daß das filum ratiocinationis notwendig von der wissenschaftlichen zur industriellen Freiheit führe, so muß man den Faden auch weiter spinnen bis zu der Anerkennung des Rechtes der Arbeitnehmer, sich in voller Freiheit nach Bedürfnis zu vereinigen, man darf ihn nicht abreißen, nachdem man bei dem Postulat der vollen Freiheit für die Arbeitgeber angelangt ist. Dieses Verstoßes gegen die Logik machen Sie sich schuldig; denn Sie erklären zwar mich durch meine Parteinahme zu Gunsten der Freiheit der Wissenschaft für logisch gebunden, den Arbeitgebern „volle Freiheit" zuzugestehen, „ihre Betriebe je nach Bedürfnis zu vereinigen", aber

Sie selbst nehmen, obwol auch Sie für die Freiheit der Wissenschaft eintreten, das Recht für sich in Anspruch, die Befugnis zu freier Koalition den Arbeitnehmern rundweg abzusprechen.

Nach Ihrer Erklärung muß man annehmen, daß es Erwägungen praktischer Politik sind, welche Sie zu dieser Inkonsequenz zwingen. Die Arbeiterschaft hat nach Ihrer Schätzung noch nicht den Befähigungsnachweis für praktische Politik erbracht.

Geehrter Herr Kommerzienrat, während ich dieses Citat aus Ihrem Artikel niederschreibe, empfindet meine Feder einen Kitzel, Ihnen eine Auslese aus meiner Sammlung von Urteilen des berufensten Richters, des Fürsten Bismarck, über die Befähigung unserer Parlamentarier — nicht nur der sozialdemokratischen — für praktische Politik zu übersenden. Um unsere Diskussion nicht zu verschärfen, sehe ich davon ab. Wie viele sind denn heute befähigt für praktische Politik? Ihr einziges Argument um die Unfähigkeit der Sozialdemokraten zu erweisen entnehmen Sie der Tatsache, daß dieselben alle Industriezölle abgelehnt haben, „die doch vermehrte Arbeitsgelegenheit und höhere Löhne bedeuten". Könnte darin aber nicht gerade eine Finesse der sozialdemokratischen Politik liegen, und sollte Ihr abfälliges Urteil nicht einen Mangel an Verständnis für diese Finesse verraten? Die beiden großen Dogmatiker der Sozialdemokratie waren nicht nur nicht Freihändler, sondern — Herr Professor Dietzel hat das in seiner jüngst erschienenen Schrift „Das Produzenteninteresse der Arbeiter und die Handelsfreiheit" nachgewiesen, — sie sehen in denselben eine Schädigung des Arbeiters, weil „durch die Verflechtung der Volkswirtschaft in die Weltwirtschaft der Lohndruck in Permanenz erklärt werde". „Gerade deshalb" aber, wie Professor Dietzel weiter sehr richtig hervorhebt, stimmten beide für den Freihandel; sie erhofften, daß derselbe zu einer immer weiteren Verschlechterung der Lage der Arbeiter führen und dadurch die soziale Revolution beschleunigen würde. Neuerdings hat sich in dem sozialdemokratischen Lager wiederum eine Opposition gegen die „arg verschlissene" Freihandelsflagge erhoben, und es ist also nicht ausgeschlossen, daß die Herren Bebel und Genossen, indem sie die Zölle ablehnten, die jesuitische Politik der Marx und Engels wieder aufnahmen. Die Dinge liegen jedenfalls nicht so einfach, daß man sich für berechtigt erachten dürfte ohne jede Beweisaufnahme sofort einen Urteilsspruch zu fällen. Sodann aber, gesetzt den Fall, die Sozialdemokraten hätten nicht finassiert, sondern wären zu ihrer Ablehnung der Industriezölle durch die Überzeugung geleitet worden, daß eine freihändlerische Politik den Interessen des Arbeiters dienlicher wäre, würden Sie dadurch allein schon berechtigt werden, ihnen die Fähigkeit zur praktischen Politik abzuerkennen? Fast ein jeder der hunderte von Bänden des „Journal des Economistes" enthält mindestens einen Aufsatz zu Gunsten des Freihandels, und unter den für denselben geltend gemachten Argumenten erscheint regelmäßig auch die Erwägung, daß die Lage der arbeitenden Klassen unter der Herrschaft des Freihandels sich günstiger gestalte als unter der des Schutzzolls. Zu den Verfassern dieser Artikel gehören Männer, welche sich, was Kenntnisse und Scharfsinn anbetrifft, meines Erachtens sogar mit denjenigen unserer Abgeordneten messen dürfen, welche ihre Stimme für die Industriezölle abgegeben haben. In seiner eben erwähnten Schrift stellt Herr Professor Dietzel den Satz auf, daß der Freihandel die Tendenz habe, die Konstanz des Arbeitsmarktes und das Niveau des Arbeitslohnes zu erhöhen. Freilich das sind alles Gelehrte. Allein es gibt auch praktische Politiker, welche prinzipiell für den Freihandel eingetreten sind. Vor etwas mehr als einem Jahrzehnt ist zwischen einem amerikanischen und einem englischen Staatsmanne eine berühmte, rein akademische Fehde über die Frage: Schutzzoll oder Freihandel ausgefochten worden, und bei dieser Gelegenheit ist seitens des letzteren, des Vertreters des Freihandels, ganz allgemein auch darauf hingewiesen worden, daß derselbe ein Steigen der Arbeitslöhne zur Folge habe. Ich gestehe nun ohne weiteres ein, daß die Beweisführung des Amerikaners, Blaine, mir die überlegene zu sein scheint. Aber — es ist mir doch recht zweifelhaft, ob man den englischen Staatsmann, dessen Name Gladstone ist, nur auf seine Verteidigung des Freihandels hin — und lediglich auf eine solche Verteidigung stützen Sie Ihr Verdikt gegen die Sozialdemokraten

— für einen Menschen erklären darf, welcher für praktische Politik unfähig gewesen sei.

Sie sind, wie Ihr Artikel zeigt, ein Gegner des allgemeinen Wahlrechtes. Gestatten Sie mir, Ihrem Urteil das des Alt-Reichskanzlers entgegenzustellen. Bei einem kleinen Diner, das Fürst Bismarck vor mehreren Jahren in Gastein gab, wendete sich das Gespräch diesem Thema zu, und Feldmarschall Manteuffel bemerkte zu der Frage der Möglichkeit einer Abschaffung des allgemeinen Wahlrechts: „Das kann kein Civil-Reichskanzler fertig bringen; das muß ein Militär machen. Geben Sie mir Ihr Amt für ein halbes Jahr, Durchlaucht, und ich befreie Sie von dem Wahlrecht". Der Fürst erwiederte lächelnd: „Darf ich denn auch mit Sicherheit darauf rechnen, daß Sie nach einem solchen großen Erfolge mir mein Amt wiedergeben werden?" Als ich nach dem Diner einen Spaziergang mit dem Fürsten machte, fragte ich ihn, ob er denn wirklich die Abschaffung des allgemeinen Wahlrechts als einen großen Erfolg einschätzen würde. „Nein", lautete seine Antwort; „das war aus der Seele Manteuffels gesprochen. Es ist besser, daß aller vorhandene schlechte Stoff in einem Geschwür zu Tage trete, als daß er unter der Haut weiterfresse, wie wir das in anderen Ländern sehen". Und, wenn auch der Fürst bisweilen gegen das allgemeine Wahlrecht loswetterte, seine Grundanschauung kam darin nicht zum Ausdruck.

Will man den Sozialdemokraten die Fähigkeit zur praktischen Politik absprechen, so muß dieses Urteil auf andere stichhaltigere Gründe gestützt werden, und jedenfalls muß man sich hüten, es auf die ganze deutsche Arbeiterschaft auszudehnen. Sie sind anderer Meinung. Sie sprechen von der „in der Sozialdemokratie verkörperten Arbeiterschaft", und nach der Verbindung, in der der betreffende Satz steht, kann man nicht umhin anzunehmen, daß Sie die ganze deutsche Arbeiterschaft dabei im Sinne haben. Auch gegen die Verurteilung dieser letzteren, wie sie in den oben zitierten Worten ausgesprochen ist, muß ich Protest erheben und zwar unter dem gleichzeitigen Ausdrucke meines Bedauerns, daß ein Arbeitgeber, ohne auch nur die Spur eines Belastungsmaterials beizubringen, Millionen von

Menschen als Anhänger einer Lehre stigmatisiert, welche er, selbst gelinde ausgedrückt, für gemeingefährlich ansieht. Derartige Äußerungen sind, fürchte ich, dazu angetan, in den arbeitenden Klassen den Eindruck zu hinterlassen, als ob sie auf keine gerechte Beurteilung seitens ihrer Arbeitgeber zählen dürften. Wenn sie dann ferner erklären, bei einer Gewährung weiterer Koalitionsrechte sei deren Mißbrauch „mit Sicherheit" zu erwarten, und für diese „Sicherheit" nichts weiter anzuführen wissen als ein Dutzend Zeilen mit Betrachtungen über die englischen Trade-Unions, so darf es Sie nicht Wunder nehmen, wenn in den arbeitenden Klassen die weitere Überzeugung Platz greift, daß die Arbeitgeber in Vorurteilen befangen sind, welche eine Verständigung mit ihnen unmöglich machen. Dabei rechne ich keineswegs mit Sozialdemokraten, sondern mit verständigen Arbeitern. Hat ein solcher verständiger Arbeiter, wie das jetzt häufig der Fall ist, sich mit der Frage der Koalitionsfreiheit und mit den Trade-Unions etwas beschäftigt, so kann Ihre Bemerkung keinen anderen als einen ungünstigen Eindruck in ihm hervorrufen; denn er wird es als einen Mangel an Objektivität in Ihrer Beweisführung empfinden, daß Sie mit keinem Worte der Tatsache gedenken, daß eine von dem englischen Parlament vor etwa 8 Jahren veranstaltete, sehr gründliche Enquete über die Trade-Unions zu der Feststellung geführt hat, „the increased strength of organisations may tend towards the maintenance of harmonious relations between employers and employed in a manner suitable to the modern conditions of industry". Nach den jüngst gemachten Erfahrungen muß Ihr Urteil über den englischen Trade-Unionism besonders auffallen. Erstens liegt die Nachricht vor, daß der bekannte Prozeß der Taff Vale Railway Company v. The Amalgamated Society of Railway Servants in der Weise seinen Abschluß gefunden hat, daß die Verklagte sich zur Zahlung von £ 23000 bereit erklärt hat. Zweitens macht sich nach einem mir vorliegenden Berichte des Manchester Guardian über die vor einigen Tagen in Newcastle stattgehabten Verhandlungen des Labour Representation Committee bei den Trade-Unions, wohl infolge des eben erwähnten Prozesses, mehr und mehr das

Bestreben geltend, den Schwerpunkt ihrer Tätigkeit in die Schaffung einer besonderen Arbeiterpartei im Parlament zu verlegen. Der Antrag, daß diese Partei zur Basis nehmen solle „the recognition of the class war and the socialisation of the means and instruments of production, distribution, and exchange" wurde mit 86 gegen 36 Stimmen verworfen. Ihre Berufung auf eine Äußerung des Verbandes freier Arbeiter, der zufolge die englischen Gewerkvereine versuchen, durch Drohungen, Geldstrafen und Zwang der ehrlichen Arbeit Steine in den Weg zu werfen, wird bei Sachverständigen schwerlich Billigung finden. Jeder der Geschichte des Trade Unionism Kundige weiß, daß, was immer derselbe gefehlt haben mag, eine solche generelle Verurteilung durchaus unberechtigt ist. Und aus welcher Quelle stammt das Urteil? Unter der Führung Lord Wemyss' und Sir John Lubbocks, jetzt Lord Avebury, hat sich in England die Liberty and Property Defence Association gebildet, welche den sog. Municipal Socialism bekämpft, d. h. alle gemeinnützigen Anlagen der Kommunen den Kapitalsgesellschaften vorbehalten wissen will. Die L. P. D. A. steht auch den Trade-Unions feindlich gegenüber, u. A. weil diese dem Municipal Socialism das Wort reden, und sucht gegen denselben die Free Labour Association auszuspielen. Letztere ist also ein bloßes Anhängsel, und zwar ein so bedeutungsloses, daß man sie in England zu der Kategorie der Bogus Associations rechnet; ihr Urteil ist nicht zu bewerten als das von Arbeitnehmern, auch nicht einmal als der Ausdruck der Anschauungen der industriellen Arbeitgeber; in demselben spiegelt sich lediglich der Antagonismus zwischen den Kapitalisten der City und den Trade-Unions wieder. Kurzum „die Erwägungen der praktischen Politik", aus denen Sie den Arbeitern die volle Freiheit sich je nach Bedürfnis zu vereinigen vorenthalten zu müssen glauben, werden jedenfalls durch Ihre Argumentation so wenig gestützt, daß sie nicht das oben von mir berührte Bedenken zu beseitigen vermögen; es wird durch sie nicht erklärt, woher Sie das Recht hernehmen, die logischen Konsequenzen des Prinzips der Freiheit zu acceptieren, soweit dieselben sich auf die Arbeitgeber beziehen, das Prinzip aber als gemeingefährlich zu verwerfen, sobald seine logische Fruktifizierung für die Arbeitnehmer in Frage kommt.

Welch ein schwerer politischer Fehler darin liegt, hat die Geschichte wiederholt bewiesen. Im Reichstage ist jüngst des Verhältnisses der französischen Bourgeoisie gegenüber den arbeitenden Klassen in einer für erstere wenig schmeichelhaften Weise Erwähnung getan worden; meines Erachtens hätte das Urteil noch schärfer lauten müssen. Schon bei dem Sturz des ancien régime bewies diese Bourgeoisie, daß sie die Freigabe des wirtschaftlichen Lebens nur insoweit anzuerkennen gewillt wäre, als dieselbe ihr Vorteil zu bringen versprach; jede Konsequenz, welche für sie hätte unbequem werden können, wies sie zurück. Sobald die wirtschaftlich Abhängigen, die Gesellen und Lehrlinge, begannen. sich selbständig zu machen, erhoben die Meister Einspruch: als in den Mansarden illuminiert wurde, schreibt Camille Desmoulins, flossen Tränen in den Meisterstuben, und die ungeheuerlichsten Zumutungen wurden seitens der letzteren an die gesetzgebende Gewalt gemacht, trotzdem ihnen ihre Privilegien mit schwerem Gelde — ein einziges Gewerbe erhielt 22 Millionen — abgekauft worden waren. Das sind lehrreiche Vorgänge. Und lehrreich sind auch die Folgen, zu denen die egoistische Einschränkung des Koalitionsrechtes durch die französische Bourgeoisie geführt hat. Sie selbst wurde durch das Verbot nicht betroffen; sie konnte dasselbe mit Leichtigkeit umgehen und hat es denn auch fortwährend umgangen, wie jedem bekannt ist, der die Wirtschaftsgeschichte Frankreichs im vorigen Jahrhundert kennt; aber die französischen Arbeiter sind durch das berüchtigte Gesetz vom 14. Juni 1791 der einzigen Waffe beraubt worden, mit der sie sich vor der Ausbeutung der Bourgeoisie hätten schützen können. Das erkennt heute selbst ein so entschiedener Parteigänger der Arbeitgeber an, wie der bereits erwähnte Molinari es ist. In einer Fabrikstadt aufgewachsen, faßt er seine daselbst gemachten Beobachtungen dahin zusammen: „L'inégalité de situation entre le maître et l'ouvrier était flagrante et le salaire ne s'en ressentait que trop." Aber, fährt er fort, ein Ausgleich hat stattgefunden, und die Lage des französischen Arbeiters hat eine erhebliche Verbesserung erfahren, seitdem ihm Koalitionsfreiheit gewährt worden ist.

Ihre politischen Bedenken gegen meine Stellungnahme zu der Frage der Koalitionsfreiheit haben mich, wie Sie sehen, nicht überzeugt, und so muß ich denn an der Forderung festhalten, welche ich in dem Artikel der National-Zeitung und in den obigen Ausführungen begründet habe.

Der Replik gegen Ihre weiteren Einwendungen habe ich wiederum eine allgemeine Bemerkung vorauszuschicken:

Meine Beweisführung stützt sich bisher auf eine Deduktion. Die Kartelle und Trusts — das ergiebt die Deduktion — richten notwendig ihr Streben darauf, die Konkurrenz einzuschränken oder wenn möglich auszuschalten. Ich habe nun oben zu konstruieren versucht, welches Verhalten die Kartelle den Konsumenten und den arbeitenden Klassen gegenüber beobachten werden, unter der Voraussetzung, daß sie rein egoistisch verfahren und die Konkurrenz ganz oder zum Teil verdrängen können. Die Deduktion wird, wie ich zeigen werde, durch Erfahrungstatsachen verifiziert. **Für eine solche Verifizierung ist man aber keineswegs lediglich auf die Erfahrungen angewiesen, welche mit Kartellen oder Trusts gemacht worden sind, es dient ihr eine jede wirtschaftliche Erscheinung, welche sich an ein Zurückdrängen oder an ein Ausschließen der Konkurrenz anknüpft.** Ob dieselbe von einem Kartell ausgeht oder von einer anderen wirtschaftlichen Associationsform, ist irrelevant. Es kommt nur darauf an, daß mit den Ergebnissen der Deduktion sich deckende Erfahrungen nachgewiesen werden, die betreffs der Monopolisierung eines Gewerbes, gleichviel welche äußere Form dieselbe angenommen hatte, gemacht worden sind. Zur Bestätigung der obigen Prognose über den Einfluß der Kartelle auf das wirtschaftliche Leben läßt sich daher auch die Geschichte der Zünfte heranziehen. Als vor mehreren Jahren der Observateur français den Ökonomisten, welche, wie Sie, die Freiheit der Industrie fordern, die Verantwortung für die Trusts auflud, erwiderte Molinari, die Syndikate seien nichts anderes als eine „organisation corporative renouvelée de l'ancien régime, objet de ses amours et de ses regrets". Ich habe schon an einer früheren Stelle bemerkt, daß dieser Vergleich mir nicht zutreffend erscheint; den alten Zünften gab das Gesetz ein Monopol, während die modernen Kartelle und Trusts günstigsten Falles nur ein faktisches Monopol besitzen. Die Monopolstellung der letzteren ist also eine weniger gesicherte. Allein ist es ihnen einmal gelungen, die Konkurrenz zu verdrängen, so erfreuen sie sich immerhin für eine bald kürzere, bald längere Periode eines ungestörten Besitzes, besonders wenn sie den Bogen nicht übermäßig straff anspannen. Macht sich von Zeit zu Zeit eine Konkurrenz geltend, so werden in der Regel auch dann die Kartelle in einer bevorzugten Lage sein; es ist für sie leichter, die Widerspenstigen zu zähmen, als es für den Widerspenstigen ist, ein bestehendes Kartell zu Fall zu bringen, zumal wenn letzteres, was beim einzelnen zutrifft, sich durch Ansammlung einer Kriegskasse in der konkurrenzlosen Zeit für etwaige Kämpfe vorbereitet hat. Kurzum das reiche Material, welches die Geschichte des Zunftwesens für die Beurteilung der möglichen Einwirkungen der Monopolisierung eines Gewerbes auf Konsumenten und Arbeiter bietet, läßt sich sehr wohl für eine Prognose der wirtschaftlichen Bedeutung der heutigen Kartelle fruktifizieren, sobald und so lange dieselben eine Monopolstellung einnehmen.

Meiner Befürchtung, daß die mit Kartellen u. s. w. verbundene Preiserhöhung zur Übervorteilung der Konsumenten und zu einer Schädigung des gemeinen Interesses führen würde, (soll heißen „könnte") halten Sie entgegen: „Die Grenze, wo ‚diese Übervorteilung' beginnt, wird schwerlich festzustellen sein; jedenfalls ist es den Kartellen unmöglich, ein System der Preisbildung zu erfinden, das alle Konsumenten befriedigt." Die letzte Bemerkung darf ich wohl mit Stillschweigen übergehen; es ist mir niemals in den Sinn gekommen, eine derartige einfältige Forderung zu stellen. Was den ersten Satz anbetrifft, so scheint es Ihnen unbekannt zu sein, daß die meisten Rechtsordnungen von einer Übervorteilung sprechen und den Käufer gegen eine solche schützen. Jeder Jurist

ist in der Lage, Sie über die Lehre von der laesio enormis aufzuklären. Nun wird allerdings selbst da, wo das Recht eine zahlenmäßige Grenze gezogen hat, Raum für Meinungsdifferenzen darüber verbleiben, ob in einem gegebenen Falle der Tatbestand einer Übervorteilung vorliege, zumal wenn der betreffende Fall der Grenze nahe liegt, und es werden sich daher niemals Verschiedenheiten in der Rechtsprechung vermeiden lassen. Allein einen solchen Mißstand muß die gesetzliche Regelung vieler Lebensverhältnisse mit in den Kauf nehmen. Jedenfalls gibt es Fälle, in denen aller Zweifel an dem Vorhandensein einer Übervorteilung ausgeschlossen ist.

Für die Richtigkeit meiner deduktiv begründeten Behauptung spricht die Geschichte. Schon die Zunftgenossen haben ihre Monopolstellung dazu ausgenutzt, um die Konsumenten zu übervorteilen. Fast sämmtliche Polizeiordnungen verbieten den Handwerkern „in gemein in Verkaufung ihrer gemachten Arbeit sich miteinander zuvor des Vertriebes halb zu vergleichen, dieselbigen ihre Waren in einem gleichen bestimmten Wert zu verkaufen, sondern es soll ein jeder seine gemachte Ware in ziemlichen, leidendlichem Wert für sich selbst verkaufen und hingeben". In Frankreich gehen die Vorsichtsmaßregeln der Regierung zurück bis ins 13. Jahrhundert. Ein Edikt vom 8. Dezember 1275 wendet sich gegen die Buchhändler, welche „par une insatiable cupidité, mécontent les étudiants et compromettent les études, empêchent les écoliers de procurer les livres les plus nécessaires à leur travaux par des ventes à prix exagérés, par des manoeuvres frauduleuses en vue d'élever le prix". Die Zahl solcher Reglements in Deutschland und Frankreich ist Legion. Auch wo die Monopolstellung der betreffenden Gewerbetreibenden nicht gesetzlich gesichert war, traten ähnliche Erscheinungen zu Tage. So benutzten beispielsweise die Gastwirte zur Zeit der Reformation den Mangel an Konkurrenz in ihrem Gewerbe, um den Reisenden enorme Preise abzunehmen; die Reichs-Polizei-Ordnung von 1530 ist dagegen eingeschritten. Luther, und ihm schließen sich Zwingli, Hans Sachs u. a. m. an — klagen über die großen Handelsgesellschaften, welche alle Waren einer Gattung in ihre Hände bringen, sich untereinander zu einem höheren Preise verabreden und denen, welche sich nicht an der Verabredung beteiligen, ihre Ware durch Fremde abkaufen lassen. „Kommen sie hierdurch nicht zum Ziele, so geben sie plötzlich die Ware so billig, daß die anderen kleinen Kaufleute ruiniert sind, und sie doch allein Herren der Situation bleiben." Ich möchte hier nicht unerwähnt lassen, daß die damaligen Monopole ihre historische Berechtigung hatten; Handel und Gewerbe bedurften eines mächtigen Anreizes.

Sie haben die Berufung in meinem Artikel auf Vorgänge aus dem Jahre 1845 mit 3 Ausrufungszeichen verbrämt; ich fürchte, Sie werden die obigen Ausführungen mit einer erheblich größeren Zahl solcher Zeichen versehen, und das nötigt mich zu der Frage: welchen Wert hat in Ihrer Schätzung die Geschichte, insbesondere die Wirtschaftsgeschichte. Halten Sie dieselbe lediglich für eine Berichterstattung über Tatsachen, welche wohl amüsant oder auch interessant sein könnten, aus denen sich aber weder für die Gegenwart noch für die Zukunft irgend welche Belehrung entnehmen lasse? Streng genommen dürfen Sie dann selbst Ihren „Geschäfts- und Lebenserfahrungen" keine Beweiskraft beimessen; denn auch diese gehören der Vergangenheit an, und wo ist die Grenze? Ich gebe selbstredend zu, daß eine Monopolstellung heute sehr viel schwerer gewonnen und daß daher die Möglichkeit einer Gefährdung der Interessen des Gemeinwesens ungleich seltener eintreten wird; aber es giebt auch in der Gegenwart noch Monopole und, wo sie vorhanden sind, können sich an sie dieselben Folgeerscheinungen knüpfen wie ehemals.

Daß heute Kartelle in der Lage sind, den Konsumenten zu übervorteilen und auch vor einer solchen Übervorteilung nicht zurückschrecken, dafür liegen bereits Erfahrungen vor. Ich habe schon in meinem Artikel Beispiele erwähnt. Pohle spricht in seiner mehrfach erwähnten Schrift von Klagen von Handelskammern darüber, daß die Preise der Rohstoffe „beträchtliche" Erhöhungen erfahren haben, welche nicht allein durch Angebot und Nachfrage bedingt waren sondern zum „Teil mit auf die Wirksamkeit von Syndikaten und Kartellen zurückgeführt werden müssen". Ähnliche Beschwerden sind aus den Kreisen der Produzenten von fertigen Fabrikaten in die Öffentlichkeit gedrungen. Erst kürzlich hat der Bergische Fabrikantenverein in Remscheid in einer Denkschrift darauf hingewiesen, daß die Syndikate und Kartelle die Rohstoffe verteuerten „ohne Rücksichtnahme auf die Bedürfnisse der weiter arbeitenden Industrie des Inlandes". Kurzum aus einer ganzen Reihe von Tatsachen ergibt sich, daß meine Befürchtung nicht unbegründet ist. Das reichste Beweismaterial liefert Amerika. Eine der ersten Autoritäten auf dem Gebiete der Kartelle, Arthur T. Hadley, bekundet in einem lehrreichen Aufsatz in Scribner's Magazine (November 1899): The discretionary power which the absence of competition places in his — the manager's — hands constitutes a temptation to put prices up to a point injurious to the public and ruinous to the permanence of the consolidated company. Our past experience with industrial consolidations proves that very few men are capable of resisting this temptation or of exercising the wider power over business which the modern system places in their hands.

Nun werden Sie sagen: Herr Hadley selbst gibt ja zu, ein Kartell, welches die Preise auf eine die Konsumenten schädigende Höhe hinauftreibe, könne nicht von langer Dauer sein. Allein erstens ist damit nur die Regel ausgedrückt; ausnahmsweise haben sich auch solche Kartelle längere Zeit erhalten, z. B. das Chicagoer Fleisch-Syndikat, der s. g. Big four und der Tabak-Trust. Sodann sind selbst Syndikate, welche nach kurzer Zeit zusammenbrachen oder auch von Anfang an nur für eine vorübergehende Existenz bestimmt waren, in der Möglichkeit gewesen, das gemeine Interesse durch Preistreibereien zu schädigen. Aus Gunton's Magazine können Sie ersehen, daß sich im Juni 1895 ein Nägel-Syndikat in Boston bildete, welches den Preis der Nägel, der damals 80—90 cts. per Keg. betrug, bis zum September auf 2 dollars 25 cts., bis zum März 1896 auf 2 dollars 40 cts., bis zum Mai auf 2 dollars 55 cts. und in entfernteren Gegenden bis auf 5 dollars hinaufsetzte. Die Möglichkeit einer Konkurrenz war dadurch abgeschnitten worden, daß das Syndikat alle Fabriken von Maschinen zur Herstellung von Nägeln vertragsmäßig gebunden hatte, an keinen Dritten zu liefern. $1^1/_2$ Jahre hat diese Ausbeutung der Konsumenten gedauert. Ungefähr um dieselbe Zeit eröffnete die französische Presse, an ihrer Spitze der Siècle, einen Feldzug gegen die zu einem Syndikat vereinigten französischen Fabrikanten von kleinen Balken — poutrelles —, welche, ohne daß in den Produktionsbedingungen ein Anlaß dafür vorlag, den Inlandspreis von 12 auf $17^1/_2$ Franks für 100 Kilo hinaufgetrieben hatten, während an das Ausland für $12^1/_2$ Franks verkauft wurde.

Zu der Behauptung, ich wäre für billige Preise, können Sie wiederum nur mit Hülfe eines Luftsprunges gelangt sein; zwischen Übervorteilungen und billigen Preisen liegt ein weites Gebiet. Auch habe ich es in meinem Artikel expressis verbis **für eine kurzsichtige Politik erklärt, wollte man eine jede Bildung von Kartellen untersagen.**

Ihre Bemerkungen über den Schutzzoll übergehe ich; ein solch schwieriges Problem in einem Dutzend Zeilen zu behandeln hat meines Dafürhaltens keinen Zweck.

Sie sprechen weiter von meiner Befürchtung, daß die Kartelle minderwertige Ware auf den Markt bringen und die Industrie gegen jede fortschrittliche Bewegung abschließen könnten, knüpfen daran die Bemerkung, da ich lediglich von Möglichkeiten redete, „erübrige es sich", auf diesen Punkt näher einzugehen, verweisen mich sodann auf die scharfe Kontrolle, welche die Kartelle ausüben, sowie auf die Düsseldorfer Ausstellung und beendigen Ihre Ausführungen mit dem Satze, nur wenn eine Industrie genügenden Gewinn abwerfe, könne sie die großen Summen aufbringen, die fortgesetzt für Verbesserungen erforderlich seien. Die letzte Behauptung bestreite ich selbstredend nicht; auf die Dauer wenigstens wird nur eine lukrative Industrie Verbesserungen vornehmen können. Allein, wie Sie aus diesem Satze folgern wollen, daß jede Gefahr, ein Kartell könne minderwertige Ware auf den Markt bringen, ausgeschlossen sei, selbst wenn das Kartell eine Monopolstellung einnimmt — und darauf allein kommt es an — das zu begreifen bin ich völlig außer stande. Was die Düsseldorfer Ausstellung anbetrifft, so habe ich dieselbe allerdings nicht besucht; eine langwierige Krankheit hat mich daran gehindert. Sie tun mir aber ein Unrecht an, wenn Sie mir den Schluß zumuten, weil in Düsseldorf vortreffliche industrielle Leistungen zur Schau gestellt worden seien, müßten alle von Kartellen produzierten Waren einwandsfrei sein. Was endlich die von Ihnen in Bezug genommene Kontrolle anbetrifft, so liegen, trotzdem „das Kartellwesen noch jung ist", bereits Beweise dafür vor, daß diese Kontrolle als Bürgschaft für die Güte der von Kartellen gelieferten Ware nicht ausreicht. Der Bergische Fabrikantenverein führt in der Denkschrift, auf welche ich oben Bezug genommen habe, aus, die Syndikate zwängen Fabrikanten „minderwertiges Material in den Kauf zu nehmen" und nötigten sie dadurch zu einer „Qualitätsverschlechterung ihrer Erzeugnisse, wodurch sie alsbald nicht nur auf dem Weltmarkte, sondern auch im eigenen Lande gegenüber den ausländischen Konkurrenten gänzlich ins Hintertreffen gelangen würden". Zur Zunftzeit wurde die strengste Kontrolle über die Produkte der Zunftmeister ausgeübt. Die in Frankreich erlassenen Reglements, welche bis zu 200 Artikeln zählen, füllen viele starke Bände und sind von den Inspektoren rücksichtslos gehandhabt worden. Trotzdem haben die Klagen und Strafverfolgungen nicht aufgehört, so lange die Zunftmeister eine Monopolstellung einnahmen. In einem oft zitierten Berichte des Inspecteur général des manufactures, Roland de la Platière, des bekannten Girondisten, heißt es: J'ai vu couper par morceaux, dans une seule matinée, 80, 90, 100 pièces d'étoffes; j'ai vu renouveler cette scène chaque semaine pendant nombre d'années; j'ai vu les mêmes jours en faire confisquer plus ou moins avec des amendes plus ou moins fortes; j'en ai vu brûler en place publique, les jours et heures de marché: j'en ai vu attacher au careau avec le nom du fabricant etc. etc.

In meinem Artikel hatte ich darauf aufmerksam gemacht, wie die Möglichkeit einer Gefährdung des gemeinen Interesses in der Weise entstehen könne, daß durch das Streben der Kartelle, jede Konkurrenz aus dem Gebiete ihres Industriezweiges auszuschließen, die Chancen, in dem letzteren eine selbständige Stellung zu gewinnen, erheblich herabgemindert würden. Wenn Sie dagegen einwenden, „das treffe weniger für die Kartelle zu als für den Großbetrieb im allgemeinen", so kann ich dem nur zustimmen; in erster Reihe hat die Organisation unseres Wirtschaftslebens in der Form von Aktiengesellschaften, Gewerkschaften, Genossenschaften m. b. H. u. s. w. die Aussichten zu einem selbständigen Wirtschaften zu gelangen beeinträchtigt. Aber das mußte eben mit in den Kauf genommen werden. Um so weniger erscheint es mir politisch und wirtschaftlich wünschenswert, daß die Beeinträchtigung durch die neue Organisationsform der Kartelle begünstigt werde. Daß eine Beeinträchtigung durch dieselben erfolge, wenn auch in geringerem Maße als durch die Aktiengesellschaften, gestehen Sie ausdrücklich zu, und entheben mich dadurch der Notwendigkeit, Ihnen aus der Geschichte Beispiele dafür vorzuführen, daß die Monopolisierung eines Gewerbes eine Reduktion der Zahl Derjenigen zur Folge haben kann, welche dieses Gewerbe selbständig betreiben.

Ihre Annahme, ich wüßte nicht, daß die Tüchtigen unter den Angestellten eine fast herrschende Position einnehmen, beruht auf einem Irrtum; die Tatsache ist mir sehr wohl bekannt; allein dieselbe hat mich nicht von der Unrichtigkeit des Satzes überzeugen können, — und tut es auch heute noch nicht — daß die Chancen für Gewinnung einer selbständigen Stellung in der Industrie ohne Kartellierungen bessere sind als mit derartigen Organisationsformen.

Ihre Frage, wie ich mich zu Staatsbetrieben, insbesondere zu dem Staatseisenbahnsystem stelle, beantworte ich dahin: Im Prinzip bin ich gegen staatliche Betriebe, und selbst wo ich dieselben ausnahmsweise als berechtigt anerkenne, erscheinen sie mir immer mit mindestens dem einen Mangel behaftet, daß sie die Zahl der abhängigen Personen im Staate vermehren. Es würde indeß zu weit führen, wollte ich hier den zur Widerlegung Ihrer abweichenden Ansicht erforderlichen Beweis antreten.

Bei Besprechung der Bedeutung der Kartelle für die arbeitende Bevölkerung berufen Sie sich „auf die Tatsache", daß, soweit Ihnen bekannt, „in der gesamten kartellierten Großindustrie bei Betrachtung längerer Zeiträume die Löhne nicht herabgesetzt, sondern sogar erheblich erhöht worden sind". Wenn ich diesen Satz richtig verstanden habe, was in Anbetracht seiner sprachlichen Inkorrektheit nicht ganz leicht ist, so soll derselbe einen Beweis erbringen; er gibt aber nichts Weiteres als Behauptungen. Durch den Zusatz „so weit mir bekannt" wird die Bedeutung der „Tatsache", auf welche Sie sich berufen, jeder Schätzung entzogen, und schon dadurch würde sie alle ihr etwa innewohnende Beweiskraft einbüßen; in Wahrheit besitzt sie eine solche aber überhaupt nicht. Die Tatsache, daß in kartellierten Industrien Lohnerhöhungen zu registrieren sind, beweist nichts; sie vermag nicht einmal den Schluß post hoc ergo propter hoc zu stützen, so lange nicht dargetan ist, daß Kartellierungen und Lohnerhöhungen zeitlich zusammengefallen sind. Selbstredend wäre auch dieser Schluß ein Trugschluß. Der Unterstellung anderer Ursachen für die Erhöhungen stehen sonach Tür und Tor offen. In dem vorliegenden Falle liegt es klar zu Tage, daß dieselben auf die günstige Lage der Industrie zurückzuführen sind. Weiter sagen Sie, es sei „wesentlich den Kartellen zu danken", daß die Löhne 1901/02 nicht weiter gesunken seien, und „angesichts dieses Sachverhaltes" glauben Sie meine Befürchtung, eine industrielle Kartellierung könne eine Herabsetzung der Löhne im Gefolge haben, „auf das Gebiet der theoretischen Spekulation verweisen" zu müssen. Das ist ein sonderbares Verfahren! Sie schlagen von der Tatsache des Bestehens gewisser Kartelle zu der Tatsache, daß die Löhne 1901/02 sich in einer bestimmten Höhe gehalten haben, eine Brücke, deren einzige Stütze Ihrer Phantasie entnommen ist; denn nicht die Spur eines tatsächlichen Beweises bringen Sie für das Vorhandensein eines causalen Zusammenhanges vor. Darauf nehmen Sie hinter dem sehr überzeugend klingenden Worte „Sachverhalt" Deckung und denunzieren zugleich mich als den Übeltäter, der sich mit Brückenbau in den Lüften beschäftige.

Ich befürchte, Sie haben Ihr soi-disant Beweismaterial u. A. auch einem von dem Herrn Dr. Alexander Tille angestellten Vergleiche zwischen den Jahreslöhnen der Arbeiter in den kartellierten Privat- und denen in den Staats-Bergwerken entnommen, aus denen sich ergeben soll, daß erstere ihre Arbeiter besser bezahlen als letztere. Die betreffende Ausführung ist völlig wertlos. Um die Frage zu entscheiden, wer die Leistung seiner Arbeiter höher honoriert, der Staat oder die kartellierte Privatindustrie, muß man selbstredend auf den Schichtlohn zurückgehen, nicht auf die verdienten Jahreslöhne. Wie nun der Schichtlohn bei den verschiedenen Bergwerken in Oberschlesien sich stellt, zeigt die folgende, mir von einem Beamten des hiesigen Oberbergamts gütigst zur Verfügung gestellte Tabelle:

Verdienter reiner Lohn für eine Schicht, Oberschlesien.

Jahr	Staats- und Privatwerke		Staatswerke allein	
	Unterirdisch beschäftigte Arbeiter (Hauer und Förderleute)	Durchschnitt der Gesamtbelegschaft	Hauer und Förderleute Durchschnitt	Durchschnitt der Gesamtbelegschaft aller Staatswerke
1898	3,09	2,73	3,52	3,04
1899	3,27	2,87	3,66	3,15
1900	3,57	3,12	3,85	3,47
1901	3,52	3,10	3,79	3,43

Sie ersehen aus den Zahlen, daß der Durchschnittslohn für die Schicht in den Staatswerken ganz erheblich höher sein muß als in den Privatwerken. Die schwere Privatindustrie Schlesiens ist nach Herrn Tille „fast ausnahmslos syndiziert".

Zweifellos schädigen Kartellierungen, soweit es sich nicht um solche handelt, welche Luxusgegenstände betreffen, die arbeitende Bevölkerung immer dann, wenn sie auf eine Preiserhöhung der von ihnen produzierten Waren abzielen; der Arbeiter wird genötigt, für die zu seinem Lebensunterhalte erforderlichen Waren höhere Preise anzulegen. Was sodann die Einwirkung der industriellen Kartellierungen auf die Gestaltung der Arbeitsbedingungen anbetrifft, so berufe ich mich auf die an einer früheren Stelle dargelegte Deduktion und füge hinzu, daß deren Ergebnisse durch ein reiches historisches Material bestätigt werden, m. a. W. daß die Geschichte zeigt, wie da, wo Gewerbetreibende sich einer Monopolstellung erfreuten, diese Bedingungen immer dann, wenn sich keine konträr wirkenden Agentien geltend machten, für die Arbeiter ungünstige gewesen sind. Wollte ich Ihnen die bezüglichen Daten vollständig vorführen, so müßte ich zunächst die ganze Geschichte des Zunftwesens hier entrollen, was Sie weder erwarten noch wünschen werden. Auch ist Ihnen zweifellos, soweit Deutschland dabei in Frage kommt, ebenso gut wie mir bekannt, daß die Zunftorganisation den Meistern oft als Handhabe gedient hat, um zum eigenen Vorteil den Arbeiter auszunutzen, und zwar in so ausgedehnter Weise, daß die Staatsgewalt häufig mit gesetzgeberischen Maßregeln hat eingreifen müssen. In Frankreich finden Sie das gleiche Bild; ich kann aus demselben hier nur einige wenige Züge wiedergeben. Der französische Gesetzgeber ist zur Zeit des ancien régime dem Arbeitgeber günstiger gesinnt gewesen als dem Arbeitnehmer; er hat ersterem in seinem Streben „de tenir l'ouvrier dans la dépendance des maîtres" wie es in manchen Zunftstatuten heißt, Vorschub geleistet. Wiederholt aber hat doch das Gesetz intervenieren müssen zu Gunsten des Arbeitnehmers, z. B. zu dem Zwecke, daß demselben die bedungene Kost „raisonnablement et suffisament" verabfolgt werde. Zuletzt erwies es sich als geboten, eine derartige Form der Entlohnung überhaupt zu untersagen. Charakteristisch ist auch das Verhalten der Arbeitgeber gegenüber ihren Arbeitnehmern im 16. Jahrhundert, als infolge der großen Vermehrung der Edelmetalle eine allgemeine Preissteigerung eintrat, so daß die Arbeiter mit ihren Löhnen — ein Maurer erhielt z. B. 3—4 sous täglich, ein Handarbeiter 1 sou 4 deniers bis 2 sous — sich kaum vor dem Hungertode bewahren konnten; eine Lohnerhöhung war notwendig und erfolgte auch. Über die Art und Weise, wie das geschah, erzählt Levasseur: L'augmentation que les maîtres n'étaient pas disposés la plupart du temps à offrir spontanément, à laquelle même ils résistaient au nom de la coutume comme à une aggravation de charges, se produisait lentement, inégalement, à la suite de l'augmentation du prix des denrées et grâce aux plaintes réitérées, voir même aux coalitions des ouvriers qui souffraient du renchérissement. Weiteres Beweismaterial steht zu Ihrer Verfügung.

In meinem Artikel hatte ich meine Deduktion an zwei Fällen — und nicht, wie Sie sagen, an „einem vereinzelten Falle" — verifiziert; ich hatte nämlich darauf hingewiesen, wie im Loirebecken und in Anzin die dortigen Kohlenbergwerksbesitzer die Löhne ihrer Arbeiter von 3 auf 1,50 frcs. reduziert haben, nachdem es 1845 gelungen war, an der Loire $^7/_8$ aller Konzessionen in einer Hand zu vereinigen, in Anzin eine Fusion sämtlicher Betriebe herbeizuführen. Man hat die Berufung auf diese Tatsachen als durchaus unzulässig hingestellt, mit der Motivierung, jenes Sinken der Löhne müsse „aus den allgemeinen wirtschaftlichen Verhältnissen der Jahre" heraus erklärt werden. Ich darf zunächst auf diese durchaus willkürliche Einrede replizieren.

Die Arbeitslöhne hatten in der fraglichen Zeit keineswegs allgemein einen niedrigen Stand. Es existiert eine Statistique de l'industrie à Paris, résultat de l'enquête faite par la Chambre de commerce de Paris pour les années 1847 et 1848, eine allgemein anerkannte Arbeit; Horace Say, der Leiter der Enquete, erhielt für dieselbe von der Académie des sciences morales et politiques den sog. Montyon-Preis. Aus dieser Statistik können Sie ersehen, daß im Jahre 1847 bezogen an täglichem Lohne

24, 463 Arbeiter 3 frcs.
157, 216 „ 3—5 frcs.
10, 393 „ über 5 frcs.

Eine aus eben jener Zeit herstammende Statistik, welche sich auf 30000 ohne Unterschied ausgesuchte Inhaber von Sparkassenbüchern bezieht, zeigt, daß „les classes assimilables au simple ouvrier formaient à Paris plus que 70 % de la totalité des déposants". Nach Charles Dupin wurde allerdings Ende der 40er Jahre in Frankreich die Ansicht verbreitet, die Löhne hätten eine sinkende Tendenz. „On s'en servait, schreibt er, pour irriter les ouvriers contre la forme même de la société laborieuse et contre ce qu'on osait appeler l'organisation inhumaine et stupide du travail." Es hat den Anschein, als ob meine Gegner zu ihrer trüben Auffassung

„der wirtschaftlichen Verhältnisse" Frankreichs im Jahre 1845 dadurch gekommen sind, daß sie einem sozialistischen Geschichtsschreiber in die Hände gefallen sind. Die erwähnten niedrigen Löhne im Loirebecken und in Anzin lassen sich auch nicht etwa dadurch rechtfertigen, daß speziell der Kohlenhandel darniederlag; denn in Wirklichkeit stand derselbe in höchster Blüte. Die französische Kohle war gegen fremde Kohle durch einen erheblichen Zoll und zum Teil außerdem auch noch durch die Transportkosten geschützt, insbesondere soweit letztere von der Küste aus in Betracht kamen; die Eisenbahnfracht betrug für den Doppelzentner 1 frc. 20 cts. auf 100 Kilometer. Für den Absatz war gesorgt durch den enormen Aufschwung, den die Eisenindustrie infolge der Eisenbahnbauten in Frankreich genommen hatte; die Nachfrage nach Schienen, Achsen, Rädern, Bandagen, Beschlägen u. s. w. hatte einen solchen Umfang angenommen, daß die Eisenhütten dieselbe nicht mehr zu befriedigen vermochten, und die Tonne, die sich in England für 150—180 frcs. verkaufte, galt in Frankreich Mitte der 40er Jahre 380—400 frcs. Der Kohlenpreis erreichte zur selben Zeit eine solche Höhe, daß, wie es im Journal des Economistes heißt, „le dégrèvement des houilles est demandé par tous les centres industriels." Es ist kennzeichnend, daß die erste freihändlerische Tat Napoleons, das Dekret vom 22. November 1853, eine Zollerniedrigung auf Kohle, Gußeisen, Stahl u. s. w. einführte. Und nun frage ich Sie, welch anderer Grund ist für das Verhalten der Arbeitgeber im Loirebecken und in Anzin denkbar als der, daß sie sich auf Kosten ihrer Arbeiter zu bereichern suchten. Jedenfalls haben die Zeitgenossen dasselbe in dieser Weise gedeutet; die Tagespresse, das Journal des Economistes, mehrere Munizipalitäten, darunter die von Lyon und St. Etienne, Handelskammern und Generalräte wendeten sich beschwerdeführend an die Regierung, und sie dürften doch etwas besser informiert gewesen sein als es heute der Doktor Alexander Tille ist. —

Noch aus einem anderen Industriezweige liegt aus jener Zeit ein bezeichnendes Beispiel vor. Dank dem hohen Schutzzolle gelang es den beiden damals einzigen Glasfabriken zu St. Gobain und St. Quirain sich eine Monopolstellung zu erobern. Sie verständigten sich untereinander über die Preise ihrer Waren und übten darauf nach dem J. d. E. „un véritable monopole" aus, „au vu et au su de tout le monde"; die Konsumenten wurden übervorteilt und die Arbeiter erhielten sehr geringe Löhne. Für die jüngste Zeit wird von Ihren Freunden, den Gegnern jedes Staatseingriffes in die Industrie, das Gleiche betreffs der modernen Syndikate bekundet. Das Journal des Economistes beruft sich dafür auf den Siècle, in welchem das Thema behandelt wird, „que les syndicats des fabricants entravent les progrès de la consommation et exploitent les consommateurs et les ouvriers".

Mit den in Frankreich gemachten Erfahrungen decken sich die anderer Länder. Auf deduktivem Wege gelangt man, wie ich oben gezeigt habe, zu dem Schlusse, daß die Kartelle ihr Streben darauf richten werden, die Nachfrage nach Arbeit tunlichst zu zentralisieren, weil sie damit die Chancen gewinnen, für sich günstigere Arbeitsbedingungen zu erzielen. Verifiziert wird dieses Ergebnis der Deduktion durch verschiedene Tatsachen. Eine derselben habe ich bereits an einer früheren Stelle erwähnt: das dem großen Chicagoer Eisenbahnarbeiterstreik vorausgegangene Verschwinden der Konkurrenz in der Nachfrage auf dem Arbeitsmarkte. Der dort erwähnte amtliche Bericht ist auch insofern interessant, als in demselben der Wert der Arbeiterorganisationen betont wird. „Bei der fortschreitenden, durch das Kapital bewirkten Verkehrung der Gesetze von Angebot und Nachfrage, heißt es in dem Berichte, kann Niemand das Recht noch die Klugheit der Arbeiter in Zweifel ziehen, die sich vereinigen, um sich vor den verderblichen Folgen zu großen Arbeitsangebotes zu schützen." In Deutschland haben einzelne Kartelle Arbeitsnachweisstellen organisiert, welche den doppelten Zweck haben, die für die kartellierten Betriebe erforderlichen Arbeitskräfte zu beschaffen und eine fortgesetzte Kontrolle über die Arbeiter auszuüben. Eine solche Organisation ist, wie aus früher gesagtem sich ergibt, mit Nachteilen für den Arbeiter verbunden. Für die Richtigkeit der deduktiven Prognose über die Beeinflussung der Löhne durch die Kartelle spricht die Tatsache, daß, wie Liefmann bekundet, verschiedene derartige Organisationen ihre Mitglieder verpflichten, den Forderungen auf Lohnerhöhungen gemeinsam entgegenzutreten. Und wenn es auch nicht gerechtfertigt wäre, aus derselben einen generellen Schluß auf die moralische Höhenlage unserer Arbeitgeber zu ziehen, so darf doch jedenfalls vom Standpunkte der Gesetzgebungspolitik aus nicht übersehen werden, daß „verschiedene Kartelle" darauf ausgehen, dem Arbeiter die Chancen auf eine Verbesserung seiner Lage zu verkümmern, wie ein Arbeitsmarkt mit steigender Tendenz sie ihm möglicherweise in Zukunft verschaffen würde. Aus der oben erwähnten Lohnstatistik für Schlesien ergibt sich, wie erwähnt, daß der Schichtlohn dort in den Staatskohlenbergwerken erheblich höher ist als in den Privatwerken, und wenn also letztere, wie in der Industrie-Zeitung behauptet wird, „fast ausnahmslos syndiziert sind", so sprechen jene deduktiv erklärbaren Zahlen deutlich für die ungünstige Beeinflussung der Löhne durch die Kartellierung. Der verdiente reine Lohn für eine Schicht stellt sich im Durchschnitt für Heuer- und Förderleute in den gesamten Staats- und privaten Kohlenbergwerken Oberschlesiens auf Mk. 3,09 i. J. 1898, Mk. 3,27 i. J. 1899, Mk. 3,57 i. J. 1900 Mk. 3,52 i. J. 1901, während die betreffenden Zahlen in den Staatsbetrieben allein lauten Mk. 3,52, Mk. 3,66, Mk. 3,85, Mk. 3,79; der Schichtlohn in letzteren muß also erheblich höher gewesen sein als in den privaten Werken. Dasselbe gilt, wie die obige Statistik zeigt, für den Durchschnitt der Löhne der Gesamtbelegschaft. Berechnet man den allerdings nicht maßgebenden Jahresverdienst eines Arbeiters der Gesamtbelegschaft, so kommt man zu folgenden Durchschnittszahlen: Staats- und Privatwerke zusammen: Mk. 801 i. J. 1899, Mk. 877 i. J. 1900, Mk. 872 i. J. 1901, während die Jahresverdienste für die Staatswerke allein sich stellen auf Mk. 937, 977 und 973 für die betreffenden Jahre[1]).

---

[1]) Die in der Deutschen Industrie-Zeitung vom 6. Februar angegebenen Zahlen sind das Ergebnis einer Verwechselung. Für Durchschnittslöhne in den Staatswerken sind diejenigen Durchschnittslöhne angegeben, welche für Staatswerke und Privatwerke gelten. Der staatliche Steinkohlenbergbau in Niederschlesien, von dem die Deutsche Industrie-Zeitung spricht, existiert nicht.

Die Deduktion nötigt zu der Annahme, daß die Kartelle auch Abkürzungen der Arbeitszeit zu verhindern suchen werden. In der Tat gibt es nach Liefmann Kartelle, welche nicht nur eine Lohnerhöhung, sondern auch eine Herabsetzung der Arbeitsstunden gemeinsam zu bekämpfen gebunden sind. Ich füge hinzu: der Gesamtverband deutscher Metallindustrieller hat ausweislich seiner Geschäftsberichte bei denjenigen Mitgliedern, deren Betriebe eine geringere Arbeitszeit aufweisen, durch seine Organe auf Einführung des Zehnstundentages hinwirken lassen. Eine sehr charakteristische Verifizierung des hier in Rede stehenden Beweissatzes enthält die an den Reichskanzler gerichtete Eingabe des Zentralverbandes deutscher Industrieller vom 16. Januar d. J., in welcher sich derselbe gegen die gesetzliche Gewährung des Zehnstundentages an Frauen ausspricht; in ihr kommt die Stellungnahme von „Hunderte von großen Betrieben umfassenden Handels-Industrie- und Fabrikanten-Vereinen" zum Ausdruck.

Bei manchen Kartellbildungen — und auch diese Erscheinung ist für die Arbeiter bedenklich — sind die Werke, welche in ihren Einrichtungen nicht mehr auf der Höhe der Zeit stehen, ausgeschaltet worden, und infolgedessen eine Anzahl Arbeiter ins Freie gefallen. Das gleiche kann geschehen, wenn Kartelle die Produktion einschränken. Freilich sind derartige Einschränkungen auch bei Individualbetrieben möglich, allein die Folgen verteilen sich alsdann gleichmäßig über die Gesamtarbeiterschaft, während es vorkommt, daß der Nachteil einer von einem Kartell verfügten Einschränkung ausschließlich die Arbeiter eines einzigen Betriebes trifft, und dieselben völlig brotlos macht. Das geschah beispielsweise als die amerikanischen Schienenfabrikanten um dem Preisrückgange ihrer Produkte Einhalt zu gebieten, das Werk „Vulkan" in St. Louis zum Stillstande brachten; die Besitzer wurden durch eine jährliche Rente von 400000 Dollars entschädigt, für die Arbeiter geschah nichts.

In Amerika ist das Kartellwesen zwar am weitesten fortgeschritten, seine bedenklichen Folgen für die arbeitenden Klassen sind aber durch deren starke Organisationen erfolgreicher als bei uns paralysiert worden. Trotzdem sind die trusts bei den amerikanischen Arbeitern keineswegs populär. Zum Unterschiede von den deutschen Sozialdemokraten — einem Unterschiede, welcher leicht begreiflich ist, — stehen die amerikanischen Arbeiter, wenigstens in ihrer Mehrheit, den Trusts feindlich gegenüber und erklären sie für die Ursache ihrer Knechtung. Auf dem Konvent der American Federation of Labour von 1870 denunzierte der Präsident sie als Assoziationen, die eingestandener Maßen nur darauf ausgingen, den Bestrebungen der arbeitenden Klasse Opposition zu machen. Levasseur erzählt, in Philadelphia habe er Annoncen mit der einzigen Reklame gesehen: Not made by a trust.

Sie nehmen in Ihrem Artikel für Herrn Carnegie, den ich einen „merkwürdigen Ehrendoktor der Universität Glasgow" genannt hatte, Partei und weisen mich darauf hin, daß derselbe sich durch außerordentliche Fähigkeiten, Fleiß und Energie emporgeschwungen und großartige Schenkungen für öffentliche Zwecke gemacht hat. Das alles war mir bekannt; ich weiß sogar noch etwas mehr von dem genannten Herrn. Sie haben ohne Zweifel von dem großen Strike gehört, welcher im Jahre 1892 in den Carnegieschen Werken in Homstead ausbrach und zu einem Kampfe zwischen den Arbeitern und den von Carnegie angeworbenen Pinkertonschen Privatpolizisten führte, der über 40 Leuten das Leben gekostet hat. Das Verhalten der Arbeiter in diesem Strike verdient die schärfste Verurteilung; aber gewiß ebenso scharf muß das Verdikt über denjenigen lauten, welcher durch sein Verhalten gegenüber seinen Arbeitern den Strike provoziert hat, Herrn Carnegie. Das Journal des Débats brachte damals eine aus New York datierte Korrespondenz, — dieselbe ist u. a. von dem hochangesehenen Journal des Economistes reproduziert worden und unwidersprochen geblieben — in der zunächst dargelegt wird, wie Herr Carnegie, nachdem es den betreffenden Interessentenkreisen gelungen war, in Washington einen hohen Schutzzoll für Stahl durchzusetzen, einen Gewinn von „mindestens 37—50 frcs." auf jede von ihm produzierte Tonne in die Tasche steckte, so daß er in weniger als 20 Jahren über 100 Millionen lukrierte. Dann heißt es weiter: Nachdem im Inlande eine Konkurrenz sich herausgebildet hatte, fiel die Tonne Stahl von 140 auf 125 frcs., d. h. um 10%. „Le système des salaires, tels qu'ils étaient fixés dans les usines Carnegie, était cité dans le monde entier comme une conception de génie. Le massiau d'acier servait de base: montait-il, le salaire montait dans la même proportion: baissait-il l'ouvrier voyait son salaire diminuer dans la même mesure, et chaque année, au 30 juin, la nouvelle échelle était promulguée par an. Or, perdant 10% sur les massiaux, Mr. Carnegie proposa, le mois dernier, de payer les puddleurs 18 frcs. la tonne au lieu de 25 frcs. 50 cts. C'était une réduction non de 10% mais de 30%." Das tat derselbe Mann, der in Washington als ein Hauptargument für die Erhöhung des Schutzzolles auf Stahl die günstigen Folgen derselben für die Arbeitslöhne geltend gemacht hatte. Herr Carnegie hat sich dann den Strike, den er verschuldet hat, von seinem Schloß in Schottland aus angesehen. Ein Mann, dessen Name in solcher Weise mit dem blutigen Drama in Homstead verknüpft ist, verdient nicht, den Hut eines Ehrendoktors zu tragen, er mag noch so viele Millionen Geschenke machen; insbesondere nicht eines Ehrendoktors derjenigen Universität, welche es mit Recht als ihren höchsten Ruhm betrachtet, daß der große Freund der arbeitenden Klassen, Adam Smith, ihrem Lehrkörper angehört hat. Sie haben recht, wenn sie die Bezeichnung „merkwürdiger Ehrendoktor" in meinem Artikel monieren. Herrn Carnegie gebührt ein sehr viel schärferes Epitheton.

Sie beendigen Ihren Artikel mit einer Folgerung, welche wiederum völlig in der Luft schwebt. Ich soll die volkswirtschaftliche Bedeutung des Unternehmertums verkannt haben, indem ich die Behauptung aufstellte, die Züchtung von Nabobs gehörte nicht zu den Aufgaben unserer Wirtschaftspolitik. Durch Ihr Citat aus einer Bismarckschen Rede wird die weite Lücke in Ihrer Beweisführung mit nichten ausgefüllt. Wie sich jedermann aus den Anlagen überzeugen kann, habe ich den angeführten Satz in Anknüpfung an eine Schilderung der kolossalen Vermögenskonzentrationen in Amerika aufgestellt und — das durften Sie meinem Gefühl nach nicht verschweigen — hinzugefügt, wir hätten ein Interesse daran, daß die Kluft zwischen den Besitzenden und den Nichtbesitzenden keine allzu großen Dimensionen annehme. Fürst Bismarck spricht in der von Ihnen zitierten Rede den Wunsch aus, daß wir recht viele Millionäre im Lande hätten, welche ihr Kapital produktiv anlegten. Inwiefern dieser Satz mit meiner Bemerkung in Widerspruch stehen soll, vermag ich nicht abzusehen. Ich darf hinzufügen, daß ich den Alt-Reichskanzler wiederholt es als eine Gefahr habe bezeichnen hören, wenn die Geldmächte in einem Lande eine solche Stellung gewönnen, daß sie die Politik sich dienstbar machten, und diese Gefahr droht den Vereinigten Staaten seitens ihrer Milliardäre. Als ich zum letzten Male den Fürsten Bismarck zu besuchen die Ehre hatte, erzählte er mir auf einer Spazierfahrt, nun er ein freier Mann sei, beabsichtige er sich die Welt anzusehen. „Da ich meine Frau nicht auf lange verlassen darf", setzte der Fürst hinzu, „so schneide ich den Käse an zwei Seiten an, d. h. ich gehe nach Amerika, komme zurück und gehe dann nach Indien. Vor allem möchte ich mir die New Engländer ansehen, die noch auf der Scholle ihrer Väter sitzen; das sind wohl die besten Repräsentanten Amerikas". Für die Männer in der Wall-Street oder die four hundred in der 5th Avenue und Newport zeigte er wenig Interesse.

Zum Schluß komme ich auf Ihre Bemerkung, ich sei „offenbar kein Freund der Reichen". In Wahrheit ist das so wenig offenbar, daß für Jedermann, welcher, bevor er ein Urteil über mich fällt, der Pflicht des Richters nachgekommen ist und die Akten studiert hat, das gerade Gegenteil offenbar sein muß. So ungebildet oder so einfältig bin ich nicht, daß ich außer Stande wäre, die hohe Bedeutung des Reichtums zu begreifen: ich erkenne denselben an als die unerläßliche Bedingung der Entwickelung des Menschengeschlechtes, und zwar nicht nur der materiellen sondern auch der geistigen. Ich bin ein Freund der Reichen. Aber das gleiche Gefühl empfinde ich für die Besitzlosen, und letzteren gegenüber erachte ich mich für gebunden, demselben Ausdruck in der Weise zu geben, daß ich ihnen, soweit mein schwaches Können reicht, zur Seite stehe, weil sie der Hülfe benötigen, was für die Reichen nicht zutrifft. Das Gefühl dieses Gebundenseins wurzelt bei mir vornehmlich in der Überzeugung, daß das, was Plato so schön als die Hauptaufgabe der Politik bezeichnet, „das Königliche Ineinanderweben der Gemüter" zu einer sittlichen Lebensgemeinschaft, wenn überhaupt, nur der Art möglich ist, daß die arbeitenden Klassen auf ein höheres materielles und intellektuelles Niveau gebracht, daß sie wie mein verehrter Freund und Genosse im Streite, der Freiherr von Berlepsch, einmal kurz gesagt hat, emanzipiert werden. Nun weiß ich wohl, mit diesen Bezeichnungen sind nicht so streng abgegrenzte Begriffe gegeben, daß für die Bestimmung ihres Inhalts jede Meinungsverschiedenheit ausgeschlossen wäre, und daher verkenne ich nicht die Möglichkeit, oder wohl richtiger gesagt die Notwendigkeit, daß ich mit meinen Freunden, den Reichen, hier und da in einen Gegensatz gerate. Allein ich behaupte, alle diese Gegensätze lassen sich friedlich austragen, wenn nur in necessariis unitas vorhanden ist; die quaestiones dubiae können gelöst werden, sobald die Herzen und die Köpfe bei beiden Teilen in dem Anerkenntnis übereinstimmen, daß die materielle und geistige Förderung der arbeitenden Klassen das zu erstrebende Ziel sei. Nur denjenigen Reichen gegenüber bleibt das Kriegsbeil für mich auf immer unbegraben, welche mit dem Anspruche auftreten, als wären sie die allein berechtigten „die Früchte zu verzehren".

Zu einer weiteren Diskussion stets bereit

Bonn, im Februar 1903.

Ihr

verehrungsvoll ergebener

v. Rottenburg.

Anlagen.

I.

Mein in der National-Zeitung vom 6. November v. J. erschienener Artikel über Kartelle und Trusts.

„Alle Kartelle, sie mögen sich auf Rohstoffe, Halbzeuge oder fertige Fabrikate beziehen, suchen ihr Ziel auf dem Wege der Ausschaltung oder doch der tunlichsten Einschränkung der freien Konkurrenz zu erreichen. Die Monopolisierung eines Gewerbes schafft nun aber Raum für Mißbräuche, welche die weitesten Kreise des Gemeinwesens schwer betreffen können. Noch bedenklicher in dieser Beziehung sind die unter dem Namen Trusts bekannten Fusionen industrieller Betriebe; fester gefügt und einheitlicher geleitet, bieten sie eine bequemere Handhabe, als Kartelle, für eine wirtschaftliche Politik, die eine Schädigung des gemeinen Interesses zur Folge haben muß. Wenn nun gleich die Trustbildung in Europa sich noch in den Anfängen befindet, so dürfte es doch angezeigt sein, dieselbe schon heute zum Gegenstand der Erwägungen zu machen. Der Entwickelungsgang der Kartelle zu Trusts, wie er sich in den Vereinigten Staaten abgespielt hat, hängt allerdings zumteil mit eigenartigen amerikanischen Verhältnissen zusammen; aber auch ökonomische Rücksichten haben in ihm eine Rolle gespielt; es ist nicht ausgeschlossen, daß dieselben für die Gestaltung unseres wirtschaftlichen Lebens ebenso bestimmend werden, als sie es jenseits des Ozeans geworden sind. Der Trust ist das geeignetste Mittel, um die Herrschaft über den Markt einer Ware zu erlangen, und gleichzeitig ermöglicht er es, durch Ersparnisse von Kosten, welche Individual-Betriebe nicht umgehen können, die Güter-Produktion wohlfeiler einzurichten.

Das in der Morgen-Nummer der „National-Zeitung" vom 25. Februar d. J. gekennzeichnete Verfahren des deutschen Zuckerkartells hat das Publikum über die Gefahr einer Übervorteilung der Konsumenten belehrt, wie sie in einer jeden Kartellierung liegt. In gleichem Sinne hat die Sugar Refineries Company in New York gewirkt, indem sie für das Raffinieren des Rohzuckers, das 6 bis $7^1/_2$ Zehntel Cents kostet, lange Zeit hindurch $2^3/_{10}$ Cents berechnete. Auch die Preistreiberei des russischen Zuckerkartells, durch welche die Regierung schließlich veranlaßt worden ist, Zucker aus dem Auslande zu importieren, hat eine aufklärende Wirkung ausgeübt, und weiteres Beweismaterial ist durch die

Wirtschaftsgeschichte der Vereinigten Staaten, Frankreichs, Deutschlands, Englands und anderer Länder in reichem Maße beschafft worden. Ferner, jeder, der aus der Geschichte des Handwerks im Mittelalter gelernt hat, mit welchem Aufwande von Reglementierungen damals die Konsumenten gegen Ausbeutung seitens der Zünfte geschützt werden mußten, und welchen Widerstand die letzteren jeder Einführung einer Neuerung in ihre Gewerbe entgegengesetzt haben, muß in den Kartellen eine Gefährdung der Konsumenten auch insofern erblicken, als die Kartelle, sobald es ihnen gelungen ist, sich eine Monopolstellung zu verschaffen, in der Möglichkeit sind, zur Verstärkung ihres Gewinnes minderwertige Ware auf den Markt zu bringen, und zweitens die Industrie gegen jede fortschrittliche Bewegung abzuschließen. Neben den Bedrohungen der Konsumenten können sich an die Kartellierung eines Gewerbes aber auch Folgeerscheinungen anschließen, welche für das gemeine Interesse bedenklich sind.

Der Verfasser des bekannten Werkes De la Démocratie en Suisse, Cherbuliez, macht einmal die Bemerkung, die Menschen entschlössen sich nur dann zur Annahme einer abhängigen, untergeordneten Stellung, wenn sie die Überzeugung hätten, daß dieselbe eine Prüfung sei, welche die Vorsehung ihnen in der Absicht auferlege, sie zu Herren zu machen; sie würden sie zurückweisen, wenn sie in ihr ein Definitivum, die Erfüllung ihrer Bestimmung auf Erden sehen zu müssen glaubten. In dieser Allgemeinheit dürfte der Satz nicht zutreffen; aber er gilt sicherlich für viele, und zwar gerade für die besten Individuen. Die Hoffnung, „welche stets besser das Morgen verhieß", ist der Sporn, auf welchen alle diejenigen, die in sich die Kraft fühlen, etwas zu leisten, am sichersten reagieren. Wo nun aber das Kartell- oder das Trustwesen sich kräftig entwickelt, wird die Aussicht, Herr zu werden, erheblich vermindert. Ein starkes Kartell darf keine Konkurrenz aufkommen lassen, und so ist das Los der großen Mehrheit derer, die in kartellierten Industrieen beschäftigt sind, in Abhängigkeit zu leben und zu sterben. Darunter leidet die Industrie; einerseits werden tüchtige Kräfte davon abgeschreckt, sich ihr zu widmen; andererseits gehen die, welche, durch die Verhältnisse gezwungen, in einen gewerblichen Betrieb eintreten, mit der Hoffnung auf Selbständigkeit auch ihres Strebens verlustig, ihr Pfund zu verwerten. Sodann lassen sich betreffs dieses Punktes gewisse politische Bedenken nicht von der Hand weisen. Der Glaube an den Marschallstab im Tornister ist eines der wertvollsten unter allen den Agentien, welche im Sinne einer Stärkung des Staatsbewußtseins im Individuum sich verwerten lassen, und daher sollte ein jeder Staatsmann bemüht sein, diesen Glauben vor Erschütterungen zu bewahren. Auch liegt es nicht im Interesse eines Gemeinwesens, daß die Zahl seiner Angehörigen, welche Selbstständigkeit besitzen, eine engbegrenzte sei. Es führt das leicht dazu, daß einige wenige Magnaten mit großen Gefolgschaften eine dominierende Stellung gewinnen und dieselbe zur Förderung ihrer Sonderinteressen ausnutzen, eine Gefahr, welche am wenigsten in einer Zeit unterschätzt werden darf, die den Geist eines hypertrophisch ausgebildeten Egoismus als Erbe überkommen hat, in der aber das Wort, um den „verruchten Besen" in die Ecke zu bringen, in Vergessenheit geraten zu sein scheint.

Zweitens begünstigen Kartelle, und in noch viel höherem Maße Trusts, das Entstehen großer Vermögensungleichheiten. Zwar hat der bekannte Stahlfabrikant A. Carnegie in dem „Century Magazine" das Gegenteil behauptet; nach ihm dienen die Trusts dazu, „den weiten und beklagenswerten Abgrund zwischen Reich und Arm zu vermindern", allein etwas weiteres, als Phrasen, weiß der merkwürdige Ehrendoktor der Universität Glasgow für sein Beweisthema nicht anzuführen. Die Tatsachen widerlegen ihn jedenfalls. Im Jahre 1897 — eine Statistik für ein späteres Jahr habe ich nicht zur Hand — besaßen in Amerika zehn Familien je einhundert Millionen Dollars, hundert Familien je fünfundzwanzig, zwölfhundert Familien je sechs Millionen Dollars, und, wenn die jüngst in der dortigen Presse aufgestellte Berechnung zutrifft, der zufolge der bekannte Trust-Fabrikant Morgan im letzten Jahre eine Einnahme von zweiundvierzig Millionen Dollars gehabt hat, so muß das Mißverhältnis noch gewachsen sein. Derartige Konzentrationen des Reichtums sind nun wohl erträglich, wenn sie aus wirklich produktiver Arbeit hervorgegangen sind. Sie sind bedenklich, wo diese Voraussetzung nicht zutrifft. Die heutigen amerikanischen Milliardäre haben ihr Vermögen in der Hauptsache durch Spekulation und Trustbildungen erworben. Es ist wohl erklärlich, daß auch besonnene Leute jenseits des Ozeans mit Besorgnis in die Zukunft blicken, ja sich sogar zu der Prognose versteigen: Cäsarismus oder Anarchismus. In Deutschland sind die Vermögensdifferenzierungen weniger groß und abgesehen davon wohl auch weniger gefährlich; nichtsdestoweniger haben wir ein Interesse daran, daß die Kluft zwischen den besitzenden und den nicht besitzenden Klassen keine allzugroßen Dimensionen annehme, damit der zwischen beiden leider schon bestehende Antagonismus sich nicht noch weiter verschärfe. Die Züchtung von Nabobs gehört nicht zu den Aufgaben unserer Wirtschaftspolitik. Und das bringt mich auf einen dritten Punkt, die Bedeutung der Kartelle und Trusts für die arbeitende Bevölkerung.

Fast ein Jahrhundert lang ist die individualistische Schule in Bezug auf den Arbeiter der Meinung gewesen, er sei bei der Verdingung seiner Arbeitskraft vor jedem Zwange gesichert, da es ihm freistehe, wenn die Bedingungen des einen Arbeitgebers ihn nicht befriedigten, sich an einen anderen zu wenden. Schon unter der Herrschaft der freien Konkurrenz war diese Behauptung nicht ausnahmslos zutreffend; sie wird immer unwahrer, je mehr die Individualbetriebe aus der Industrie verschwinden. Wo Trusts bestehen, fehlt es an jeder Konkurrenz unter den Arbeitgebern gegenüber den Arbeitnehmern; in der Hand der ersteren liegt es, die Bedingungen des Arbeitsvertrages zu diktieren. Daß es sich auch hier nicht um eine Gefahr handelt, welche lediglich in der Vorstellung ängstlicher Gemüter besteht, zeigt wiederum die Geschichte. Ich kann hier aus dem reichen historischen Beweismaterial nur zwei Fälle anführen. So lange die Kohlenschätze im Loire-Becken und in Anzin von 63 bezw. 10 Konzessionären ausgebeutet wurden, betrug der Arbeitslohn der Kohlenarbeiter im Durchschnitt 3 Franks; 1845 gelang es, sieben Achtel der für die Loire erteilten Konzessionen in der Hand der Compagnie des mines de la Loire zu vereinigen; in Anzin trat eine Fusion sämtlicher Konzessionen ein. Die unmittelbare Folge dieser Monopolisierungen war, daß der Lohn sank, in Anzin um fast 40 Prozent, auf 1 Frank 55 Cts.

Gewiß hat Adam Smith Unrecht mit seiner Behauptung, selten kämen Gewerbtreibende derselben Klasse auch nur zum Zweck des Vergnügens und der Unterhaltung zusammen, ohne daß sie gegen das Publikum konspirierten. Die Staatsgewalt darf, indem sie dem Kartellwesen gegenüber Stellung nimmt, nicht von dem Grundsatze ausgehen: Homo homini lupus; aber ebenso verkehrt wäre auch die Annahme: Homo homini angelus. Zu einer richtigen Entschließung gelangt man nur, wenn man sich, gestützt auf die Daten der Geschichte und der täglichen Erfahrung, eine Vorstellung darüber gemacht hat, mit welchem Maße von menschlicher Selbstsucht und Kurzsichtigkeit im wirtschaftlichen Leben gerechnet werden muß. Alsdann aber, glaube ich, sieht man sich zu dem Schlusse gezwungen, daß die Staatsgewalt die Möglichkeit von Mißbräuchen, welche mit der Bildung von Kartellen und Trusts verbunden ist, nicht als eine quantité négligeable ansehen darf. Es wäre ein verhängnisvoller Irrtum, wenn sie in dem wohlverstandenen Interesse der Unternehmer eine genügende Garantie sähe; eine Panacee, wie die Individualisten glaubten, ist dieses Interesse nicht. Ebenso würde sie fehlen, wenn sie der Versicherung Glauben schenkte, daß jeder möglichen Gefahr durch Herabsetzung des Einfuhrzolles oder durch Errichtung konkurrenzfähiger Unternehmen im Inlande begegnet werden könne. Es liegt auf der Hand, daß das zweite dieser beiden Heilmittel nur unter Bedingungen anwendbar ist, auf deren Vorhandensein keineswegs immer gerechnet werden darf. Und auch eine Remedur durch eine Tarifänderung ist nicht leicht durchzuführen, wo zu derselben die Zustimmung der Volksvertretung erforderlich ist. Die parlamentarische Geschichte Frankreichs, der Vereinigten Staaten und anderer Länder beweist, daß nur zu oft diejenigen, welche das ganze Volk zu vertreten berufen sind, lediglich die Interessen ihres speziellen Gewerbes wahrnehmen zu sollen glauben, und daß sich unter den verschiedenen Interessengruppen leicht Gegenseitigkeits-Versicherungen bilden, durch welche eine jede Zollherabsetzung unmöglich gemacht wird. Aber auch abgesehen davon, eine solche Maßregel kann keinesfalls eine Vermehrung der Arbeitgeber herbeiführen, und daher niemals denjenigen Klassen zu gute kommen, welche des Schutzes gegen die Kartelle und Trusts am bedürftigsten sind.

Es ist hier nicht der Ort, um die Frage, mit welchen Mitteln der Gefahr eines Mißbrauchs der Kartellierung entgegenzutreten sei, erschöpfend zu erörtern; ich beschränke mich darauf, eines derselben hervorzuheben: die völlige Freigabe des Koalitionsrechts. Als ich vor einigen Jahren mich behufs Studiums der Arbeiterverhältnisse in Pennsylvanien, in Wilkesbarre aufhielt, gab mir ein angesehener Jurist auf meine Frage, wie er zu dem Trade-Unionism stehe, zur Antwort: „Die Unions sind nicht immer bequem. Aber allen den Verbänden der Arbeitgeber gegenüber darf man den Arbeitnehmern nicht das Recht verweigern, sich frei zu koalitionieren." Meines Dafürhaltens ist diese Auffassung in Anbetracht der Entwickelung des wirtschaftlichen Lebens in Deutschland auch für uns zutreffend. Jedenfalls muß da, wo die Arbeitgeber das Vermögen besitzen, die Konkurrenz für die Nachfrage nach Arbeitskräften zu beseitigen, den Arbeitnehmern die Möglichkeit gegeben werden, ihrerseits die Konkurrenz für das Angebot von Arbeitskräften auszuschließen, und zu diesem Zwecke ist ihnen das Recht einzuräumen, die erforderlichen Organisationen zu bilden; es ist ihnen Koalitionsfreiheit zu gewähren. Freilich haben die amerikanischen Trust-Barone bei dem letzten Kohlenstreik in Pennsylvanien den entgegengesetzten Standpunkt vertreten; Herr William K. Vanderbilt und Herr Baer haben es verweigert, die Miners Union anzuerkennen. Allein das Verhalten der beiden Herren darf schwerlich als ein wertvoller Beitrag für die Einschätzung des Trade-Unionism gelten; es hat lediglich eine pathologische Bedeutung. Wie man es häufig findet, daß Christen, welche jüdisches Blut in ihren Adern haben, ihre Umgebung über diese Tatsache zu täuschen suchen, indem sie, unbekümmert um den Ruf ihres Gehirns und ihres Herzens, sich als extreme Antisemiten gerieren, so stößt man auch nur zu oft auf Arbeitgeber mit jungen Stammbäumen, welche diese vermeintliche Blöße durch geringschätzige Behandlung ihrer Arbeiter verdecken zu müssen glauben. Den self made men und ihrer Deszendenz fehlt eben zuweilen der berechtigte Stolz, und so gilt noch heute das Wort, welches Aischylos im „Agamemnon" der Klytaimnestra in den Mund legt:

„Und wen das Schicksal in die Dienstbarkeit verstieß,
muß dankbar sein, wenn er zu einer Herrschaft kommt
von altem Wohlstand. Neugeback'ner Reichtum dünkt
sich vornehm, wenn er sich hoffärtig im Verkehr
und zu den Dienern grausam stellt."

Herr Vanderbilt — sein Großvater war ein einfacher Bootsmann — ist ein Repräsentant dieses neugebackenen Reichtums. Die Ahnen-Reihe des Herrn Baer ist mir nicht bekannt. Für seine Nachkommen kann man nur wünschen, daß sie frei von atavistischen Rückschlägen bleiben mögen.

Gewiß wäre es eine kurzsichtige Politik, wollte man eine jede Bildung von Kartellen untersagen; denn zweifellos ist in denselben ein Mittel gegeben, das, richtig angewendet, der Güterproduktion von großem Nutzen sein kann. Allein es darf auch nicht außer acht bleiben, daß die Kartelle die Möglichkeit geben, eine Verteilung der Güter herbeizuführen, welche dem gemeinen Interesse zuwiderläuft, und diese Erwägung fällt heute um so schwerer ins Gewicht, als das Problem der Güterverteilung immer mehr in den Vordergrund des Interesses tritt. Ein ganzes Jahrhundert lang hat der Individualismus die staatliche Gewalt von einem Eingriff in dieses Gebiet durch die Auffassung abgehalten, daß die Güter sich in der gerechtesten Weise verteilten, wenn Freiheit herrsche, weil alsdann, dank gewissen göttlichen Gesetzen, aller Eigentumserwerb durch Arbeit bedingt werde und das Maß des Nutzens, den die Arbeit der Gesamtheit verschaffe, für die Größe des Erwerbs bestimmend sei. In immer weiteren Kreisen bricht sich neuerdings die Erkenntnis Bahn, daß dem nicht so sei, daß sich unter dem Regiment des Laissez faire auch Erwerbsarten ausgebildet haben, welche gerade geeignet sind, die Arbeit zu entwerten, und es liegen Anzeichen dafür vor, daß sich auch schon ein Bedürfnis nach Remedur geltend macht. Da die Koalitionsfreiheit ein Weg ist, um zu einer gerechten Verteilung der Güter zu gelangen, würde die Gewährung derselben in Einklang stehen mit den Zielen, denen sich die Entwickelung unseres wirtschaftlichen Lebens zuwendet."

II.
Zwei Absätze aus dem Artikel Herrn Tilles in der Deutschen Industrie-Zeitung vom 30. Januar d. J.

„Auch dafür will ich Ihnen noch ein Beispiel geben, daß Sie am 22. Januar 1903 nicht mehr gewußt haben, was Sie am 6. November in der „National-Zeitung" haben drucken lassen. Sie schreiben: Herr Tille erklärt weiter „Wirtschaftsmoralisten" von meinem Schlage „staunten ein grenzenloses Steigen der Löhne als den erstrebenswerten Fortschritt an". Ich fordere Herrn Tille auf, innerhalb vier Wochen in der „Industrie", (Sie meinen natürlich die „Deutsche Industrie-Zeitung", deren Namen Sie also trotz Ihres Abonnements nicht zu behalten im stande sind), auf die ich mich heute abonniert habe, eine von mir herstammende Äußerung nachzuweisen, welche dafür konkludent wäre, daß ich der Narr sei, als welchen er mich hinzustellen beliebt." Ich komme der liebenswürdigen Aufforderung um so lieber nach, als Sie sich im Falle des Gelingens meines Nachweises selbst als Narren bezeichnen, was ich natürlich nicht gewagt haben würde. Laut dem Schlußsatze Ihres Aufsatzes vom 6. November erwarten Sie von der Vereinigung der Arbeiter gegen die kartellierten Unternehmer „eine gerechte Verteilung der Güter", während die heutige für Sie Moralisten eine ungerechte ist, also eine ganz neue Gesellschaftsordnung, und zählen die Neuverteilung des Besitzes zu „den Zielen, denen sich die Entwickelung unseres wirtschaftlichen Lebens zuwendet." Sie erhoffen von ihr, nach Ihren vorhergehenden Ausführungen auch die Abschaffung der „Züchtung von Nabobs". Wenn das nicht doch sehr viel mehr ist als ein Eintreten für ein grenzenloses Steigen der Löhne, dann haben Worte nie einen Sinn gehabt. Da ich Ihnen Ihr Ersuchen so bereitwillig erfüllt habe, darf ich mir wohl auch eine Bitte erlauben. Sie sind oftmals für ein Steigen der Löhne der Arbeiterbevölkerung eingetreten. Sie würden mich verbinden, wenn Sie die Güte hätten, mir aus Ihren Werken diejenigen Stellen zusammen zu stellen, an denen Sie erklärt haben, daß dem Steigen der Löhne durch die wirtschaftlichen Verhältnisse ganz bestimmte Grenzen gezogen seien. Da Sie sich seit dem 22. Januar gegen das grenzenlose Steigen der Löhne wenden, das Sie am 6. November 1902 noch vertraten, so würden Sie ihrer neuesten Entwickelungsphase damit selbst einen Dienst leisten."

Auf meine Bemerkung, aus Zahlen ließen sich keine kausalen Verhältnisse ablesen, antwortet Herr Tille:

„Es ist ein alter Trick, eine Sache in die Methode zu schieben, wenn man mit der Sache nichts ausrichten kann. Die vorliegende Frage hat aber mit Methode nichts zu tun. Sie geistreicheln in der National-Zeitung dem Publikum ein paar feuilletonistische Stilübungen vor, in denen Sie mit fremdsprachlichen Floskeln und Anspielungen über alles Mögliche aburteilen. Sie behaupten leichtfertig hin, daß Kartelle die Tendenz hätten, den Lohn zu drücken. Ich bestreite das und weise an einer Fülle von Zahlen nach, von denen Sie auch nicht eine einzige als falsch erwiesen haben, daß die deutschen Kartelle eine solche Tendenz nicht zeigen. An Ihnen liegt es nun, den Nachweis zu erbringen, daß eine Anzahl Kartelle das doch tut. Gegenüber Ihnen, der Sie noch in Ihrer Zuschrift an die „National-Zeitung" vom 22. Januar, in der Sie sich doch sonst sehr viel vorsichtiger ausdrücken als bis dahin, die Gefahr des Lohndruckes durch die Kartellbildung für eine „nicht genügend berücksichtigte Seite" des Kartellwesens erklären, bedeutet es ganz und gar kein Einrennen von offenen Türen, wenn ich jenen Nachweis führte. Sachkundigen gegenüber allerdings, aber ich hatte ja mit Ihnen zu tun."

Die passende Antwort darauf enthält die folgende „Anmerkung des Setzers" in Lassalle's „Herr Julian Schmidt".

„Hierzu, Herr Schmidt, weiß ich nur eine Parallele:
„So windet Kranz und windet Kränze,
„Der Kuckuck gattet sich im Lenze,
„Und in dem Lichte wohnt der Schall."

Printed by Libri Plureos GmbH
in Hamburg, Germany